과학공화국

수학법정

9
수학퍼즐

과학공화국 수학법정 9

수학 퍼즐

ⓒ 정완상, 2008

초판 1쇄 발행일 | 2008년 2월 12일
초판 20쇄 발행일 | 2022년 12월 1일

지은이 | 정완상
펴낸이 | 정은영
펴낸곳 | (주)자음과모음

출판등록 | 2001년 11월 28일 제2001-000259호
주소 | 10881 경기도 파주시 회동길 325-20
전화 | 편집부 (02)324-2347, 경영지원부 (02)325-6047
팩스 | 편집부 (02)324-2348, 경영지원부 (02)2648-1311
e-mail | jamoteen@jamobook.com

ISBN 978-89-544-1483-8 (04410)

과학공화국 수학법정

수학법정

9 수학퍼즐

정완상(국립 경상대학교 교수) 지음

생활 속에서 배우는 기상천외한 수학 수업

수학과 법정, 이 두 가지는 전혀 어울리지 않은 소재들입니다. 그리고 여러분들이 제일 어렵게 느끼는 말들이기도 하지요. 그럼에도 이 책의 제목에는 분명 '수학법정'이라는 말이 들어 있습니다. 그렇다고 이 책의 내용이 아주 어려울 거라고 생각하지는 마세요. 저는 법률과는 무관한 기초과학을 공부하는 사람입니다. 그런데도 '법정'이라고 제목을 붙인 데는 이유가 있습니다.

또한 독자들은 왜 물리학 교수가 수학과 관련된 책을 쓰는지 궁금해 할지도 모릅니다. 하지만 저는 대학과 KAIST 시절 동안 과외를 통해 수학을 가르쳤습니다. 그러면서 어린이들이 수학의 기본 개념을 잘 이해하지 못해 수학에 대한 자신감을 잃었다는 것을 알았습니다. 그리고 또 중·고등학교에서 수학을 잘하려면 초등학교 때부터 수학의 기초가 잡혀 있어야 한다는 것을 알아냈습니다. 이 책은 주 대상이 초등학생입니다. 그리고 많은 내용을 초등학교 과정에서 발췌했습니다.

 그럼 왜 수학 얘기를 하는데 법정이라는 말을 썼을까요? 그것은 최근에 〈솔로몬의 선택〉을 비롯한 많은 텔레비전 프로에서 재미있는 사건을 소개하면서 우리들에게 법률에 대한 지식을 쉽게 알려 주기 때문입니다.

 그래서 수학의 개념을 딱딱하지 않게 어린이들에게 소개하고자 법정을 통한 재판 과정을 도입하였습니다.

 여러분은 이 책을 재미있게 읽으면서 생활 속에서 수학을 쉽게 적용할 수 있을 것입니다. 그러니까 이 책은 수학을 왜 공부해야 하는가를 알려 준다고 볼 수 있지요.

 수학은 가장 논리적인 학문입니다. 그러므로 수학법정의 재판 과정을 통해 여러분은 수학의 논리와 수학의 정확성을 알게 될 것입니다. 이 책을 통해 어렵다고만 생각했던 수학이 쉽고 재미있다는 걸 느낄 수 있길 바랍니다.

 이 책을 내도록 용기와 격려를 아끼지 않은 자음과모음의 강병철 사장님과, 빡빡한 일정에도 불구하고 좋은 시리즈를 만들기 위해 함께 노력해 준 자음과모음의 모든 식구들, 그리고 함께 진주에서 작업을 도와준 과학 창작 동아리 'SCICOM'의 식구들에게 감사를 드립니다.

진주에서

정완상

목차

판사

제1장 수 퍼즐에 관한 사건 11

제2장 일반적인 수학 퍼즐에 관한 사건 57

수지변호사

매쓰변호사

수학법정의 탄생

과학공화국이라고 부르는 나라가 있었다. 이 나라에는 과학을 좋아하는 사람들이 모여 살았다. 인근에는 음악을 사랑하는 사람들이 살고 있는 뮤지오 왕국과 미술을 사랑하는 사람들이 사는 아티오 왕국, 공업을 장려하는 공업공화국 등 여러 나라가 있었다.

과학공화국에 사는 사람들은 다른 나라 사람들에 비해 과학을 좋아했다. 어떤 사람들은 물리를 좋아했고, 또 어떤 사람들은 수학을 좋아했다. 특히 다른 모든 과학 중에서 논리적으로 정확하게 설명해야 하는 수학의 경우, 과학공화국의 명성에 맞지 않게 국민들의 수준은 그리 높은 편이 아니었다. 그리하여 공업공화국의 아이들과 과학공화국의 아이들이 수학 시험을 치르면 오히려 공업공화국 아이들의 점수가 더 높을 정도였다.

특히 최근 공화국 전체에 인터넷이 급속히 퍼지면서 게임에 중독된 과학공화국 아이들의 수학 실력은 기준 이하로 떨어졌다. 그러다 보니 자연 수학 과외나 학원이 성행하게 되었고, 그런 와중에 아이들에게 엉터리 수학을 가르치는 무자격 교사들이 우후죽순으로 나타나기 시작했다.

일상생활을 하다 보면 수학과 관련한 여러 가지 문제에 부딪히게 되는데, 과학공화국 국민들의 수학에 대한 이해가 떨어져 곳곳에서 수학적인 문제로 분쟁이 끊이지 않았다. 그리하여 과학공화국의 박과학 대통령은 장관들과 이 문제를 논의하기 위해 회의를 열었다.

"최근 들어 잦아진 수학 분쟁을 어떻게 처리하면 좋겠소?"

대통령이 힘없이 말을 꺼냈다.

"헌법에 수학적인 조항을 좀 추가하면 어떨까요?"

법무부 장관이 자신 있게 말했다.

"좀 약하지 않을까?"

대통령이 못마땅한 듯이 대답했다.

"그럼, 수학적인 문제만을 대상으로 판결을 내리는 새로운 법정을 만들면 어떨까요?"

수학부 장관이 말했다.

"바로 그거야. 과학공화국답게 그런 법정이 있어야지. 그래! 수학법정을 만들면 되는 거야. 그리고 그 법정에서 다룬 판례들을 신문에 게재하면 사람들은 더 이상 다투지 않고 시시비비를 가릴 수 있게 되겠지."

대통령은 환하게 웃으며 흡족해했다.

"그럼 국회에서 새로운 수학법을 만들어야 하지 않습니까?"

법무부 장관이 약간 불만족스러운 듯한 표정으로 말했다.

"수학은 가장 논리적인 학문입니다. 누가 풀든지 같은 문제에 대해서는 같은 정답이 나오는 것이 수학입니다. 그러므로 수학법정에서는 새로운 법을 만들 필요가 없습니다. 혹시 새로운 수학이 나온다면 모를까……."

수학부 장관이 법무부 장관의 말에 반박했다.

"그래, 나도 수학을 좋아하지만 어떤 방법으로 풀든 답은 같았어."

대통령은 곧 수학법정 건립을 확정 지었다. 이렇게 해서 과학공화국에는 수학과 관련된 문제를 판결하는 수학법정이 만들어지게 되었다.

초대 수학법정의 판사는 수학에 대해 많은 연구를 하고 책도 많이 쓴 수학짱 박사가 맡게 되었다. 그리고 두 명의 변호사를 선발했는데, 한 사람은 수학과를 졸업했지만 수학에 대해 그리 잘 알지 못하는 수치라는 이름을 가진 40대 남성이었고, 다른 한 명의 변호사는 어릴 때부터 수학경시대회에서 대상을 놓치지 않았던 수학 천재 매쓰였다.

이렇게 해서 과학공화국 사람들 사이에서 벌어지는 수학과 관련된 많은 사건들은 수학법정의 판결을 통해 깨끗하게 해결될 수 있었다.

수 퍼즐에 관한 사건

1000을 외치지 못한 설움

재희는 어떻게 우성을 계속 이길 수 있었을까요?

사건속으로

재희와 우성은 가수를 준비하는 연습생이다. 가
수가 되는 꿈을 이루기 위해 어떤 힘든 일도 이겨
냈던 두 사람이었고 그런 모습을 인상 깊게 보았던
회사 사장님의 발탁으로 두 사람은 드디어 팀이 되어 가수로 데뷔
를 할 수 있게 되었다.

"우리는 세상에서 노래를 제일 잘하는 팀을 만들 거야. 그래서
너희 둘이 팀이 된 거지. 이쪽은 우성이, 저쪽은 재희라고 한다. 너
희는 믹스라는 팀으로 활동하게 될 거야. 너희들의 놀라운 가창력
으로 세상을 놀라게 해"

"난 가수가 되기 위해 10년을 기다렸어. 그리고 지금 이 순간이 바로 내 꿈이 실현되는 순간이야. 우리 정말 잘해보자."

"그건 나도 마찬가지야. 우리 정말 최고가 되자."

두 사람은 자신이 되고 싶었던 가수의 꿈을 이루게 되었고 자신들의 이름을 내건 앨범을 발매 할 수 있게 되었다. 그들의 신인 같지 않은 실력은 그들을 단번에 스타의 반열에 올려놓았고 인터넷은 온통 두 사람의 이야기뿐이었다. 잘 생긴 얼굴에 실력을 겸비한 가수라는 사람들의 평가들이 연일 계속되었고 둘의 인기는 끝을 모르고 올라갔다.

"이번 주 1위 역시, '믹스의 기다려줘' 입니다. 정말 대단하시네요. 벌써 이게 몇 주째인지, 정말 대기록을 남기실 것 같습니다."

이뿐만이 아니었다. 방송의 노래차트를 포함해 음반 판매량, 인터넷 검색순위, 팬클럽 가입 수까지 모든 곳에서 1위를 휩쓸었다. 하지만 그들의 인기가 올라가면서 팀 내 불화 역시 점점 생겨나기 시작했다. 상대보다 노래를 잘 부르고 싶었던 마음에 서로가 호흡을 맞추지 못하고 삐걱거리기 시작한 것이다. 다행히 1집 활동은 무사히 마칠 수 있었지만 2집을 준비하는 동안 둘의 사이는 급속도로 나빠지기 시작했다.

"너희들 녹음 제대로 안 해? 지금 여기가 누가 잘하나 경연대회 나온 거야? 둘이 호흡을 맞춰서 좋은 노래를 만들어야지 어떻게 된 게 서로 노래 잘하는 거 티내려고만 하는 거야? 그만해!

녹음 30분 쉬었다가 다시 할 테니까 너희 둘이 어떻게 할 건지 상의 좀 해."

"너 잘 좀 해!! 높은 음은 내가 더 잘하는데 계속 네가 하려고 그러니까 이렇게 문제가 생기는 거 아냐! 넌 네가 잘하는 것만 해."

"무슨 소리 하는 거야? 누가 뭐래도 나는 우리나라에서 노래를 가장 잘하는 가수야. 높은음 조절을 잘 못하는 건 내가 아니라 너라고. 너만 잘하면 녹음은 금방 끝날 테니까 너나 잘해."

"말은 제대로 하자. 솔직히 내가 너보다 노래 잘한다는 건 공공연한 사실인데 왜 그래?"

결국 둘은 30분 뒤에 시작하기로 했던 녹음을 취소했다. 서로 기분이 나쁜 상태에선 녹음을 할 수가 없다며 그냥 집에 가버렸기 때문이다. 이런 문제들 때문에 둘의 2집 발매는 예상보다 엄청나게 늦어졌지만 컴백을 한 후에도 인기는 여전했다.

"자 그럼 생방송 시작 5초 전입니다. 4.3.2.1. 시작!"

하지만 얼마가지 않아 문제가 발생했다. 생방송 라이브 무대에서 서로 높은음을 내기 위해 신경전을 벌이다가 라이브를 다 망쳐 버린 것이다.

"믹스, 지금 장난하는 거예요? 방송이 그렇게 만만해요? 생방송으로 나가는 프로에서 도대체 이게 뭐예요? 그리고 듀엣이면서 이렇게 사이 안 좋은 거 정말 보기 안 좋아요. 슬슬 인터넷에서 소문들도 돌기 시작했다는데, 두 분 생각 좀 하시고 처신하세요."

이쯤 되자 회사에서도 방법을 강구해야만 했다.

"회사에서 큰 결정을 내렸다. 너희들을 해체시키기로 했다. 너희들의 노래 실력은 누구보다 뛰어나지만, 지금과 같이 서로가 못 잡아 먹어 안달이 난 상태에서는 절대 팀으로 활동할 수 없기 때문이다."

둘은 활동 내내 따로 활동하고 싶은 마음이 굴뚝같았기 때문에 오히려 그들에게는 반가운 소식이었지만 회사에서는 그에 덧붙여 또 다른 결정을 내렸다.

"하지만 둘 중의 하나는 남은 계약을 이어 나가기로 했다. 재희야, 네가 남게 됐다."

"그럼 저는요?"

"미안하다. 지금 회사의 결정은 여기까지야. 내 생각엔 바뀔 일은 없을 것 같아. 어서 다른 회사를 찾아보는 게 좋을 것 같다."

둘 중에 재희만이 회사에 남겨지고 우성은 다른 회사를 찾아다녀야만 했다. 하지만 둘 사이에 그런 문제가 있었던 만큼 어느 회사에서도 우성과 쉽게 계약을 하지 않았고 우성은 6개월을 꼬박 고생한 후에 겨우 앨범을 낼 수 있었다.

"오늘도 즐거운 일요일의 신댕엽입니다. 그럼 오늘의 첫코너 '1000까지를 외쳐라'를 시작하겠습니다. 게임방식은 숫자 한 개, 두 개를 말씀하시고 그중에 1000을 먼저 말씀하시는 분이 우승자입니다. 오늘은 더욱 흥미진진한 게스트가 나오셨습니다. 그럼 모셔보죠."

방송으로 다시 복귀한 재희와 우성, 둘은 각자 활동하였지만 서로에게 여전히 안 좋은 감정을 가지고 있었다. 특히나 우성은 재희만 회사에 남아 앨범을 냈던 것에 콤플렉스를 느끼고 있었고, 요즘 최고의 인기프로인 '1000까지를 외쳐라'에서 1:1대결을 통해 그 복수를 갚아주고 싶었다.

"재희와 우성 씨입니다. 몇 달 전까지만 해도 한 팀으로 활동했던 두 사람인데 오늘은 둘도 없는 경쟁자로 맞붙게 되었군요. 그럼 정정당당한 승부 보여주십시오. 시작하겠습니다."

"1"

우성이 소리쳤다.

"2, 3"

재희가 두 개의 수를 외쳤다. 이런 식으로 두 사람은 한 개 또는 두 개의 수를 부르고 재희가 997을 외치고 이제 남은 수는 998, 999, 1000의 세 개가 되었다. 그러자 우성의 표정이 굳어졌다. 한 개 또는 두 개의 수를 부를 수 있기 때문에 우성이 998을 부르면 재희 씨가 999, 1000을 불러 이기고 우성이 998, 999를 불러도 재희가 1000을 불러 이기기 때문이었다. 우성은 체념한 듯 998을 불렀다. 재희는 기다렸다는 듯이 999, 1000을 불러 첫 게임을 가볍게 승리했다. 두 번째 게임도 재희의 승리였다.

"계속 재희 씨가 승리를 하고 있군요. 벌써 2연승인데요. 5판 3

선승제인 게임에서 한 번만 더 재희 씨가 우승을 하시게 되면 1등 상을 거머쥐게 됩니다."

세 번째 경기, 우성은 이번만큼은 이기겠다고 긴장한 표정이 역력했다. 그리고 우성이 995를 불렀을 때 우성은 자신이 이긴 표정이었다. 그런데 재희가 996, 997을 부르자 다시 우성의 표정은 굳어졌다. 결국 세 번째 경기도 우성이 998을 부르고 재희가 999, 1000을 불러 예상과는 달리 우성은 3:0으로 참패를 하고 말았다.

"정말 억울해. 회사에서 쫓겨난 것도 나 혼자고, 오늘 게임에서 진 것도 나야. 왜 항상 나여야만 하지? 생각할수록 이상해. 아무래도 뭔가 비리가 있는 것 같아. 기획사에서 뭔가 손을 쓴 게 아닐까? 맞아! 그럴 수도 있어!!"

재희와의 대결에서 항상 자신이 지기만 했던 것에 의심을 품은 우성은 재희의 기획사에서 이기기 위해 방송국과 짜고 뭔가를 계획했다고 생각했다.

"PD님. 게임에 뭔가 비리가 있는 거죠? 왜 저만 이렇게 게임에서 계속 졌던 거죠?"

"아니. 우성 씨, 지금 무슨 말씀 하는 거예요. 우성 씨가 못해서 진 걸 왜 저희한테 이러는지 모르겠네요."

억울한 마음에 방송국을 찾아갔지만 아무런 이유를 듣지 못한 우성은 결국 고소하기로 마음먹었다.

"모두들 뭔가를 숨기고 있는 게 분명해. 모든 걸 확실히 알아야겠어. 더 이상 억울하게 살긴 싫어. 이 일의 진실을 밝혀달라고 법정에 말해야겠어. 고소하겠어."

그리하여 우성은 수학법정에 재희를 고소했다.

마지막 수 1000에서 3을 남겨둔 상대방이 숫자를 외치게 한다면
이길 수 있습니다.

여기는 수학법정

재희의 승리는 진짜 조작이었을까요?
수학법정에서 알아봅시다.

 재판을 시작합니다. 원고 측 변론하세요.

 모든 게임은 이길 수도 있고 질 수도 있는
겁니다. 하지만 이기고 지는 확률은 반반
이지요. 그런데 어떻게 재희 씨만 계속 이깁니까? 이건 뭔가
수상한 냄새가 납니다. 공정하지 않은 게임의 냄새 말입니다.
그러므로 이 게임의 사기성을 밝혀주시기를 판사님께 요청합
니다.

 정말 변론 못 하는군! 수치 변호사는 항상 감정만 앞선단 말
이야. 그럼 피고측 변론하세요.

 수 퍼즐 연구소의 아리송 소장을 증인으로 요청합니다.

　　노란 바탕에 검은 줄무늬 셔츠를 입은 30대의 남자가
증인석으로 들어왔다.

 증인이 하는 일은 뭐죠?

 수에 관한 퍼즐을 연구하고 있습니다.

 그럼 본론으로 들어가 이번 게임이 공정합니까?

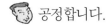 공정합니다.

🙂 그럼 왜 재희 씨만 이기는 거죠?

😊 그건 재희 씨가 이 게임을 이기는 룰을 알고 있기 때문입니다.

🙂 그게 무슨 말이죠?

😊 이 게임은 마지막 수에서 3을 남겨둔 상태에서 상대방이 숫자를 외치게 하면 무조건 이깁니다.

🙂 그건 왜죠?

😊 이번 게임의 경우는 마지막 수가 1000입니다. 그러니까 997이 되는 상황에서 상대방에게 수를 외치게 하면 상대방은 998을 외치거나 998, 999를 외칩니다. 998을 외치면 999, 1000을 외쳐서 이기면 되고 998, 999를 외치면 1000을 외쳐서 이기면 됩니다. 이 방법을 좀 더 확장하면 더 일찍 경기를 마칠 수 있습니다.

🙂 어떻게요?

😊 1000에서 3의 배수만큼 남겨둔 상태에서 상대방의 차례가 되게 하면 무조건 이길 수 있지요.

🙂 잘 이해가 안 되는군요.

😊 예를 들어 재희 씨가 먼저 1을 외치면 1은 1000에서 3의 배수만큼 차이가 나므로 무조건 재희 씨가 이길 수 있습니다. 이때는 우성 씨가 외치는 수의 개수와 재희 씨가 외치는 수의 개수의 합이 3이 되도록 유지하면 됩니다. 즉 우성 씨가 2를

외치면 재희 씨는 3, 4를 부르고 우성 씨가 2, 3 을 부르면 재희 씨는 4를 부르면 됩니다. 이런 방법으로 하면 결국 1000에서 3남는 수인 997는 재희 씨가 부를 수 있고 그럼 재희 씨가 무조건 이기게 되는 거죠.

정말 신기하군요. 이런 게임에도 배수의 개념이 들어가 있다는 게 놀랍습니다. 그렇죠? 판사님.

그렇군요. 나도 친구들에게 써 먹어 봐야겠어요. 아무튼 재희 씨가 이긴 방법은 수학의 힘이지 사기라고 볼 수는 없군요. 그러므로 우성 씨의 주장은 무시하는 걸로 하겠습니다.

배수

어떤 수에 1, 2, 3, …을 곱하여 만들어지는 자연수를 그 수의 배수라고 부른다. 예를 들어 3의 배수는 3에 1, 2, 3, …을 곱하여 만들어지는 3, 6, 9, 12 , …이다.

연속 10번을
지냐? 이젠 나도
맞추겠다.

수 맞추기 게임

옹삼씨는 김타짱 씨를 이겨서 돈을 딸 수 있을까요?

사건속으로

"옹삼아, 너희 밭 일 다 했으면 우리 밭 좀 도와줘."

"예~ 이것만 다 하고 갈게요!"

옹삼 씨는 논밭을 일구는 농촌 총각이다. 어릴 때부터 농부의 아들로 태어나 지금은 몸이 약해져 일을 할 수 없으신 아버지의 농사를 물려받아 지금은 넓은 논과 밭을 일구고 있는 심성 착한 사람이다. 하지만 너무 농사일에만 매달린 나머지 결혼 시기를 놓쳐버렸고, 결국 농촌에 남아있는 많은 노총각 중 한 명이 되었다. 하지만 누가 속이면 그대로 속아 넘어갈 정도로 착한 심성 때문에 동네주민들은 옹삼 씨를 좋아하고 있었다. 그날도 옹삼 씨는 자신의 일을 끝내고 일손이 모자라는 옆집 밭으로 가 일을 도와줬다.

"옹삼이는 누가 데리고 가든지 그 여자는 복 받은 거야~ 안 그래?"

"제가 뭘요~ 이 농촌 노총각을 누가 데리고 가겠어요~."

쏟아지는 아주머니들의 칭찬에 옹삼 씨는 얼굴이 빨개졌다. 여자 한번 사귀지 못한 순수한 옹삼 씨에게 아직 결혼이라는 말은 부끄럽기만 했다. 그래도 아버지께 손자를 안겨드려야 한다는 생각에 몇 년 전부터 결혼자금으로 돈을 조금씩 모으고 있는 중이었다.

"아이고~ 대낮부터 일하니 목이 마르네."

"제가 얼른 가서 시원한 물 가져올게요."

"그래주면 고맙지~ 역시 옹삼이라니깐~."

목이 마르다는 아주머니의 말에 옹삼 씨는 땀을 뻘뻘 흘리면서 집으로 갔다. 그리고 냉동고에 미리 얼려둔 물을 가지고 다시 밭으로 나오는 길이었다. 옹삼 씨가 있는 마을에 유일하게 하나 있는 차도에서 까만색 때깔이 고운 차가 들어오는 것이 보였다. 햇빛을 받은 차는 여기저기 빛이 날 정도로 반짝였다.

"어디서 오는 차지?"

옹삼 씨는 차가 지나갈 때 길을 건너지 않고 기다리고 있었다. 혹시나 자신 때문에 차가 늦게 갈까 걱정스러웠기 때문이다. 그러나 그 차는 정확히 옹삼 씨 앞에 섰다. 창문이 열리고 기름으로 발라 올린 머리와 까만 선글라스를 낀 김타짱 씨의 모습이 나타났다.

"저기. 길 좀 물어보려고 하는데요. 여기 마을회관이 어디 있죠?"

"아, 마을회관이라면 저기 들어가서서 오른쪽으로 쭉 가시다보면 파란지붕이 보일 거예요. 거기가 마을회관이에요."

옹삼 씨는 친절하게 김타짱 씨에게 마을회관의 위치를 가르쳐주었다. 하지만 김타짱 씨는 듣는 둥 마는 둥 했다. 대신 선글라스 너머 날카로운 눈빛으로 옹삼 씨를 관찰하고 있었다. 밭일하다 온 터라 흙이 묻어 너저분해진 옷을 입고 순수하게 웃고 있는 옹삼 씨를 보고 김타짱 씨는 회심의 미소를 지었다.

"제가 잘 몰라서 그런데 같이 마을회관으로 가주세요."

옹삼 씨는 옷이 더럽다며 차에 타는 것을 한사코 거부했지만 웬일인지 김타짱 씨는 괜찮다며 옆자리에 태웠다. 결국 옹삼 씨는 김타짱 씨와 함께 마을회관으로 가게 되었다.

"길 가르쳐주셔서 너무 감사해서 그러는데요. 저와 재미있는 게임 하면서 돈 벌지 않을래요?"

"돈이요?"

옹삼 씨는 영문을 모르겠다는 표정이었다. 게임을 하면서 돈을 번다는 게 옹삼 씨의 머리로는 이해할 수 없는 말이었다. 하지만 김타짱 씨는 더 적극적으로 말했다.

"세 자리의 수를 아무렇게나 생각하세요. 단 각 자리의 수는 모두 달라야 합니다."

갑자기 옹삼 씨는 김타짱 씨와 게임을 하게 되었다. 그리고는 마음속으로 387을 생각했다.

"그 수를 거꾸로 뒤집어서 큰 수에서 작은 수를 빼세요."

옹삼 씨는 갑자기 뭐에 홀린 듯 김타짱 씨가 시키는 대로 했다. 그리고는 387을 뒤집은 수인 783에서 387을 뺀 396을 머릿속으로 생각했다.

"이제 그 수에서 0이 아닌 수를 하나 지우고 남은 수들의 합을 내게 알려주세요. 그리고 내가 당신이 지운 수를 맞추면 내가 이기는 거고 못 맞추면 당신이 이기는 거예요. 이기는 사람이 100달란을 받는 것으로 하지요."

김타짱 씨는 자신만만한 표정이었다.

'가만 내가 어떤 수를 지웠는지 어떻게 알아? 1부터 9까지의 수 중 하나를 맞출 확률은 $\frac{1}{9}$이고 못 맞출 확률은 $\frac{8}{9}$이니까 내게 유리한 게임이야. 그래 돈 좀 따보자.'

옹삼 씨도 자신만만한 표정으로 396에서 6을 지운 후 3과 9를 더한 수인 12를 김타짱 씨에게 알려주었다.

그러자 김타짱 씨는 잠시 생각에 잠기더니 입을 열었다.

"당신이 지운 수는 6입니다."

"아니 그걸 어떻게 알았지?"

옹삼 씨의 얼굴이 창백해졌다. 순수한 마음의 옹삼 씨는 결국

100달란을 빼앗겼고 다시 돈을 따기 위해 김타짱 씨와 게임을 계속했지만 번번이 지고 결국 1000달란의 거금을 잃고 말았다. 그러자 실의에 잠긴 옹삼 씨는 게임이 사기라며 김타짱 씨를 수학법정에서 고소했다.

각 자리의 수가 다른 세 자리의 수와 그 수를
거꾸로 뒤집은 수와의 차이는 항상 9의 배수가 됩니다.

이 게임은 공정한 게임일까요?

수학법정에서 알아봅시다.

재판을 시작합니다. 피고 측 먼저 변론하십시오.

피고는 원고와 함께 수 맞추기 게임을 했습니다. 게임이란 이길 때도 있고 질 때도 있는 법입니다. 그리고 우연히 10게임을 연속해서 이길 수 있는 거구요. 물론 그럴 확률은 적지만 일어날 수 있는 일이고 이번에 김타짱 씨가 연속 10게임을 이긴 것도 그런 경우라고 생각합니다. 그러므로 김타짱 씨는 아무 잘못 없다는 것이 본 변호사의 주장입니다.

원고 측 변론하세요.

자세한 설명을 위해서 수게임 연구소의 올커버 소장을 증인으로 요청합니다.

짧은 머리를 깔끔하게 빗어 넘긴 젊은 남자가 증인석으로 나왔다.

올커버 씨, 오랜만이군요.

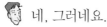 네, 그러네요.

 증인, 사전에 이 사건에 대해 이야기를 들으셨지요?

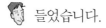 들었습니다.

이번 게임은 공정한 게임인가요?

아닙니다. 누구나 김타짱 씨처럼 옹삼 씨가 지운 수를 맞출
수 있습니다.

어째서죠.

각 자리의 수가 다른 세 자리의 수와 그 수를 거꾸로 뒤집은
수와의 차이는 항상 9의 배수가 됩니다.

왜죠?

예를 들어 100의 자리수가 a이고 10의 자리 수가 b이고 일
의 자리수가 c인 세 자리수를 생각하지요. 그리고 a가 c보다
크다고 해봐요. 그럼 이 수는 $100 \times a + 10 \times b + c$가 되지요.
그리고 거꾸로 뒤집은 수는 $100 \times c + 10 \times b + a$가 되지요. 그
런데 a가 b보다 크니까 두 수의 차는

$(100 \times a + 10 \times b + c) - (100 \times c + 10 \times b + a)$

$= 99 \times a - 99 \times c$

$= 9 \times (11 \times a - 11 \times c)$

가 되어 9의 배수가 되지요.

그렇군요. 그럼 어떻게 지운 수를 알 수 있죠?

옹삼 씨가 처음 선택한 수는 387이었고 이를 뒤집은 수는

783으로 그 차는 396입니다. 그리고 396은 9의 배수입니다. 옹삼 씨는 6을 지웠습니다. 그리고 3＋9＝12를 김타짱 씨에게 알려주었습니다. 그런데 세 자리의 수가 9의 배수가 되려면 각 자리수의 합이 9의 배수가 되어야 합니다. 그러므로 지운 수를 □라고 하면 □＋3＋9＝□＋12가 9의 배수이어야 하므로 □는 6이 됩니다. 김타짱 씨는 이 방법으로 옹삼 씨와의 게임을 모두 이긴 것이지요.

 정말 말이 안 되는 게임이군요. 그렇죠? 판사님.

 판결합니다. 한 쪽이 무조건 손해를 보는 게임이라니 말이 안 되는군요. 게임이란 공정해야 하는데 수학을 이용하여 교묘하게 사기를 친 김타짱 씨는 옹삼 씨에게 딴 돈을 돌려줄 것을 판결합니다.

> **배수의 판정법**
>
> 어떤 수가 3의 배수가 되려면 각 자리수의 합이 3의 배수이어야 하고, 어떤 수가 9의 배수가 되려면 각 자리 수의 합이 9의 배수가 되어야 한다.

재판이 끝난 후, 옹삼 씨는 이번 사건으로 인해 요행을 바라지 말라는 것을 절실히 느꼈다. 일한 만큼 얻는 것이 가장 바람직한 생활임을 깨달은 옹삼 씨는 더욱 더 열심히 농사를 지었다. 얼마 후 시골에 놀러 온 도시 처녀가 옹삼 씨의 순박한 시골 총각의 모습에 반했고, 마을 사람들은 조만간 국수 먹게 되기를 기대하고 있다고 한다.

기인의 기가 찬 재주

김빽셈 씨는 정말 기인일까요? 아니면 단지 수학을 잘하는 사람일까요?

과학공화국에서 요즘 가장 인기 있는 프로는 '기인을 찾아라!' 이다. 매번 세계 각국의 유명한 기인들이 찾아와 자신의 장기를 선보이는 프로그램인데, 매주 가장 신기한 장기를 가진 사람을 투표하고 엄청난 상금까지 받을 수 있기 때문이다. 또한 매번 출연한 사람들은 한동안 인터넷을 뜨겁게 달구며 연예인 못지않은 인기를 누릴 수 있었다.

"자, 그럼 '오늘의 기인을 찾아라!' 의 두 번째 손님을 모셔보겠습니다. 자칭 수학공화국의 마음을 읽는 남자! 김빽셈 씨입니다. 나와 주세요."

"안녕하세요. 김삘셈입니다. 여러분이 어떤 수를 생각하시든, 제가 여러분의 마음을 읽어드리겠습니다."

"그런데 정말 신기하네요. 상대방이 어떤 수를 생각하는지 모두 다 맞출 수 있다죠?"

방송을 보는 시청자들과 현장에 있던 방청객들 모두 '과연 저 사람이 어떻게 숫자를 맞출 수 있을까' 하는 호기심 어린 눈으로 그를 주시했다. 우선 그가 숫자를 맞추는지 보기 위해, 김삘셈 씨는 볼 수 없고 시청자들만이 볼 수 있는 자리에 화면을 설치하여 마음속으로 생각하는 숫자를 볼 수 있도록 해두었다. 그리고 모든 무대 설치가 끝났을 무렵, 김삘셈 씨는 무대 중앙으로 다시 나와 자신의 장기를 보여주기 시작했다.

"도우미가 한 분 필요합니다. 이미남 군 좀 도와주시겠습니까? 이리로 나와 주시죠. 우선 마음속으로 지금 생각나는 두 자리의 숫자 하나를 떠올려 주세요."

"여러분, 사회자인 제가 조금 설명을 드리자면 저기 화면으로 이미남 군이 입력한 숫자가 나오게 되고 그건 김삘셈 씨를 제외한 시청자 여러분들과 저만이 볼 수 있게 됩니다. 그래서 마지막에 김삘셈 씨가 숫자를 정말로 맞출 수 있는지 바로 확인할 수 있게 되실 겁니다."

"이미남 군 이제 생각을 다 하셨습니까?"

"네. 숫자 한 개를 생각했습니다. 굉장히 어려운 숫자로 골랐으니까 맞추기 쉽지 않을 걸요? 하하하!"

이미남 군이 생각한 수는 47이었다.

"그럼 그 숫자를 뒤이어 두 번씩 더 써주세요. 만일 이미남 군이 생각한 숫자가 38이라면 383838 이렇게 세 번 연속되는 숫자로 만들어 주면 됩니다."

"그다음 그 숫자를 7로 나눠주세요."

"잠시만요. 6자리 숫자를 나누라뇨. 유재숑 씨 계산기 좀 챙겨주세요."

"하하하, 이미남 씨의 굴욕이에요 지금!"

"그럼, 계산한 결과를 다시 13으로 나눠주고 마지막으로 37로 나눠주세요."

"뭘 그렇게 계속 나누세요! 나중에 출연료 받으면 그것도 나눠주나요?"

"하하하, 그건 좀 어렵겠는데요. 그럼 다 나누었으면 그 결과를 저에게 알려 주면 됩니다."

"네. 141이 나왔습니다."

"141이라……. 그럼 이미남 씨가 생각한 숫자는 47이겠군요."

여기저기서 탄성의 소리가 나왔다. 마치 미리 짜기라도 한 듯 김뺄셈 씨는 상대방이 생각한 숫자를 그대로 맞춘 것이다. 놀란 사람들은 혹시 그가 상대의 마음을 읽는 텔레파시를 가진 것이 아니냐는 말까지 하였고, 눈앞에서 벌어진 광경을 못 믿겠다는 듯 사람들은 김뻴셈 씨에게 몇 번을 더 해보라고 부탁하였다.

하지만 결과는 매번 같았다. 모든 숫자를 그가 맞춘 것이다. 이에 감동한 그날의 심사위원들은 그를 이주의 MVP로 뽑게 되었다. 김뻴셈 씨는 방송이 끝나자마자 자신이 보여준 장기로 인해 온라인, 오프라인 가릴 것 없이 여기저기서 유명인사가 되었고 프로그램에선 상금으로 많은 돈까지 챙길 수 있었다.

하지만 사람들의 환호와 탄성도 그렇게 오래가지는 못했다. 인터넷 시청자게시판에는 '자신도 할 수 있는 장기를 가지고 시청자를 우롱하고 상금까지 받아갈 수 있냐'는 글이 올라온 것이다. 사람들은 텔레비전을 통해 자신들의 눈으로 똑똑히 확인한 사실이므로 인터넷에 글을 올린 사람이 괜히 시비 거는 것 아니냐며 오히려 그를 비난했다. 시간이 지날수록 반대 글을 올린 사람의 주장에 사람들의 관심이 모아졌고, 그 글을 올린 사람은 자신은 대학에서 수학을 공부하는 학생이며 자신도 김뻴셈 씨가 가진 재주를 보여줄 수가 있다고 했다.

사람들은 도대체 김뻴셈 씨의 재주가 어떻게 된 것이냐며 매일같이 방송국으로 문의를 해왔고, 이런 상황에 대해 가장 당황한 사람들은 '기인을 찾아라!'의 제작진들이었다. '기인을 찾아라!'는 매번 세상을 들썩이게 할 만큼 놀라운 장기를 가진 사람을 선보이며 프로그램의 명성을 쌓아왔던 것이다. 인터넷에 글을 올린 사람의 말처럼 그 장기가 아무나 할 수 있는 것이라면 자신들이 이제까지 만들어온 프로그램의 신뢰가 바닥으로 떨어지는 것이었다.

제작진들은 이 사건을 어떻게 해결할 것인가에 대해 의논을 했다.

"만일 그 사람의 말이 사실이라면, 감춰서 될 일은 아니라고 봐요. 우선은 저희가 사전 심사에서 꼼꼼하지 못했던 점도 있으니까요."

"그나저나 반대 글을 올린 사람의 말이 맞기는 할까? 요즘에는 하도 이상한 사람들이 많아서, 그 사람도 괜히 그러는 거 아닌가 몰라. 아니면 상대편 방송국에서 우리 프로그램 시청률 떨어뜨리려고 일부러 그러는 걸 수도 있지!"

"부장님, 다른 방송국은 할 일이 없답니까!"

"그럼 어쩔 수 없는 것 같아요. 숨길 수 없다면 오히려 모든 사실을 다 이야기 하고 시청자분들께 용서를 구하는 게 나아요."

"그럼 일단은 그 반대 글을 올린 사람의 말부터 맞는지 검사를 좀 해보자고, 여기 수학 좀 아는 사람 있어?"

"부장님, 전혀 없을 것이라고 생각됩니다."

"그럼 어쩔 수 없지. 김쁿셈 씨 나온 비디오 영상 녹화분하고, 그 반대글 올린 사람이 쓴 모든 글을 프린트해서 가져와 봐. 나에게 생각이 있으니까."

결국 박 부장은 프로그램의 자존심이 걸린 문제를 해결하기 위해 이 문제를 수학법정에 의뢰했다.

두 자리수를 연속하여 세 번 붙이면 그 수는 항상 두 자리수에
10101을 곱한 값과 같아집니다. 10101을 소인수분해하면
3, 7, 13, 37이 인수임을 알 수 있다.

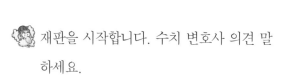

과연 김뺄셈 씨의 장기는
누구나가 할 수 있는 장기였을까요?
수학법정에서 알아봅시다.

재판을 시작합니다. 수치 변호사 의견 말
하세요.

김뺄셈 씨는 생각하는 두 자리의 숫자가
무엇인지 말하지 않아도 그 숫자를 맞추는 기인입니다. 스튜
디오에 직접 나와 실험을 했는데, 정말 숫자를 보지 않고도
몇 가지 질문을 통해서 그 숫자를 맞추었습니다. 대단한 능력
을 가진 사람이었지요. 그런데 얼마 후 인터넷 게시판에 그런
능력은 누구에게나 있다는 피고의 제보가 올라왔습니다. 그
런 능력을 가진 사람이 몇이나 되겠습니까? 그러니까 반대
글을 올린 사람은 분명 출연자의 능력을 시기한 나머지 악플
을 올린 것입니다.

피고가 그 능력이란 것에 어떠한 법칙이 있다고 생각해서 그
런 것이 아닐까요?

법칙이라니요, 그건 초능력이에요!

초능력이라니요? 출연자가 초능력자였다는 말인가요?

그럼요.

도대체 말이 안 되는군요. 매쓰 변호사, 어떤 법칙이 있는 것

같은데 맞습니까?

네, 맞습니다. 이것을 설명하기 위해 반대글을 올린 김수학 군을 직접 증인으로 요청합니다.

덥수룩한 머리에 굵은 테의 안경을 낀 남학생이 증인석으로 나왔다.

증인, 무슨 일을 하십니까?

한국대학교 수학과를 다니고 있는 학생입니다.

그렇군요. 증인은 원고의 프로그램을 보고 숫자를 맞추는 출연자의 재주를 자신도 할 수 있다고 했는데, 사실입니까?

사실입니다. 그건 아무나 할 수 있는 거예요! 암산만 좀 잘하면 누구나 가능해요!

그렇습니까? 어떤 법칙 같은 게 있다는 거군요?

네, 맞아요.

어떤 법칙이죠?

두 자리수를 연속하여 세 번 치면 그 수는 항상 두 자리수에 10101을 곱한 값과 같아집니다. 예를 들면 다음과 같지요.

$$474747 = 47 \times 10101$$

그렇군요.

여기서 10101이라는 수를 소인수 분해하면,

$3 \times 7 \times 13 \times 37$

이 됩니다. 그러니까 다음과 같이 되지요.

$474747 = 47 \times 3 \times 7 \times 13 \times 37$

그러므로 이미남 군의 수 474747을 7, 13, 37로 연속하여 나누면 그것은 이미남 군이 생각한 수와 3과의 곱이 됩니다. 그러니까 김뺄셈 씨는 그 수를 3으로 나눠 이미남 군이 생각한 수 47을 맞출 수 있었던 거죠.

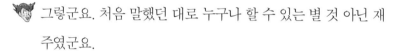 그렇군요. 처음 말했던 대로 누구나 할 수 있는 별 것 아닌 재주였군요.

매쓰 변호사의 변론 잘 들었습니다. 원고, 이제 궁금증이 조금 풀리셨나요? 출연자의 재주를 자신도 보여줄 수 있다고 했던 피고의 말은 사실이었습니다. 또한 그 재주는 아무나 쉽게 할 수 있을 만큼 간단한 것이었죠. 따라서 원고는 김뺄셈 출연자의 능력은 쉽게 풀 수 있는 수학적 원리를 이용한 방법이었음을 시청자들에게 알려주세요. 앞으로 출연자를 선정할 때는 정말 기인이라 불릴 만큼 신기한 능력을 가진 사람을 선발해서 뽑아야겠습니다. 이상으로 재판을 마칩니다.

재판이 끝난 후, 김뺄셈 출연자의 숫자 맞추기 능력의 원리가

프로그램에서 밝혀지면서 '신기하다', '생각보다 쉬운 원리였다'는 등 많은 리플들이 달렸다. 그 후 프로그램은 기인열전이 아니라 신기한 원리를 가진 능력 찾기 프로그램으로 바뀌었다. 지식을 얻을 수 있다는 장점 때문에 오히려 옛 프로그램보다 높은 시청률을 유지했고 결국 장수프로그램이 되었다.

 1과 소수

어떤 수를 소수들만의 곱으로 나타내는 것을 소인수 분해라고 한다. 소수는 2나 3처럼 두 개의 약수를 갖는 수이다. 그런데 1은 한 개의 약수만 가지므로 소수가 아니다. 그러므로 소인수분해에서는 1과의 곱은 쓰지 않는다.

김 형사의 비밀번호

아버지의 비밀번호를 맞추어 범인을 잡을 수 있을까요?

김 형사는 몇 년 전부터 뒤를 쫓고 있는 사건이 하나 있다. 매번 증거 하나 남기지 않고 완벽하게 현장을 처리하는 게 보통수준이 아니었다. 거기다 가 피해자들의 관련성도 없어 수사는 거의 종결되었지만, 김 형사 는 며칠 전 다시 한번 들린 현장에서 단서로 예상되는 물건 하나 를 찾았고, 혼자서 단독 수사를 시작했다.

"김 형사, 전에 내가 부탁한 거 알아봤어?"

"응. 급하다고 그래서 과학수사연구소에 아는 친구한테 부탁해 서 감식 결과가 급하게 필요하다고 했더니 몇 시간 뒤에 바로 주더군. 이게 결과야 한번 봐."

"역시……. 둘이 같은 놈이었군."

"자네가 예상한 대로야?"

"맞아. 몇 년 동안 특별한 특징 없이 진행된 범행이어서 단서잡기가 힘들었지만, 이제 서서히 윤곽을 드러내기 시작했어."

"그 놈은 거물인데 자네 괜히 수사했다가 무슨 일이라도 생기는 거 아냐?"

"우리가 누군가. 형사 아닌가! 하하하, 내 걱정은 말게."

지문으로 알게 된 용의자는 유명한 조직폭력배의 보스였다. 극악무도한 사람이기 때문에 경찰들조차 그와 관련된 사건은 되도록이면 피하고 싶어했다. 그러나 김 형사는 몇 년 전부터 꾸준히 이어지는 그의 범행이 괘씸해서 그를 꼭 잡아 넣겠다고 결심했다.

하지만 그는 거물인 만큼 자신의 뒤를 쫓는 김 형사의 행적을 못마땅해 했다. 혹시라도 김 형사가 증거를 찾게 된다면 몇 년 전에 자신에게 저질렀던 범행까지 모두 죗값을 치러야 하기 때문이었다. 불안해진 범인은 김형사가 집을 비울 때면 매번 집을 쑥대밭으로 만들어 놓았으며, 더욱더 집요하게 괴롭혔다.

"아빠, 낮에 집에 또 도둑 들었어요. 가지고 간 건 없는데 한두 번도 아니고 왜 이런 일이 생기는지 모르겠어요."

"그, 글쎄다. 아빠도 잘 모르겠구나."

그 범인의 짓이 틀림없었지만 이렇게 자신에게 위협을 해대는 그 자의 행동을 보고 김형사 역시 두려움에 수사를 포기할까도 했다. 오히려 그럴수록 그가 범인임을 빨리 밝혀내어 감옥에 보내는 것이 옳은 일이라고 생각하며 마음을 다 잡았다. 더군다나 최근에 일어난 마지막 범행에서 또 하나의 단서를 찾게 되면서 수사는 활기를 띠고 있었다.

"자네 그 이야기 들었어? 어제 경찰서 증거물실에 도둑이 들었다고 하더군."

"도둑? 그게 몇 번 증거물실인가?"

"아마 3번이라지. 아참, 자네가 3번실을 사용하지? 어서 가서 확인해보게."

3번 증거물실이라는 이야기에 김 형사는 빠르게 발걸음을 옮겼다. 자신이 가장 최근의 범행 현장에서 발견한 증거물을 그곳에 두었기 때문이었다. 하지만 그의 불안한 예상은 맞아 떨어졌다. 자신의 증거물이 사라진 것이다. 증거물을 가져간 사람은 확실했다.

"역시 거물이군. 대담하게 경찰서 증거물실에 침입할 생각을 하다니. 그나마 경찰서에 둔 건 한 개뿐이어서 다행이군. 나머진 집 비밀 금고에 넣어 두어야겠어."

김 형사는 여기서 한번 증거물을 잃게 되면 수사는 완전히 끝이 난다고 생각했다. 경찰서까지 털린 마당에 안전한 곳은 집 지하에 있는 비밀 금고뿐이었다. 범인이 자신의 부하를 시켜 집을 난장판으로 만들었을 때에도 지하가 있다는 사실도 모른 채 갔었기 때문에, 지하는 증거품을 보관하기엔 안전한 장소일 수 있었다.

하지만 그 놈들 역시 만만하지 않았다. 전에 가족들을 위협하기 위해 집에 침입을 했을 때에는 그저 어질러 놓는 것이 전부였지만, 그가 증거품을 집에 두기 시작한 후부터는 낌새를 챈 듯 집요하게 집을 뒤졌다.

'이 녀석들이 계속해서 내 집을 드나드는 게 아무래도 내가 집에 증거물을 둔 걸 눈치 챈 것 같군. 이렇게 계속 두면 가족들에게도 위협이 될 것 같은데. 큰일이군.'

위험에 노출된 상태에서 수사를 계속 진행한다는 것은 무리였지만 여기서 그만둘 수도 없었다. 그리고 또 다시 발생한 사건에서 김 형사는 지문을 남긴 흉기를 증거로 얻었다.

"드디어 꼬리가 잡혔군. 현장에 지문을 남긴 흉기를 두고 가다니, 이 지문과 전에 대조해봤던 지문이 같은 것으로 판명되면 지난 범죄까지도 모두 처벌할 수 있을 거야. 이제야 드디어 몇 달간에 걸친 수사를 끝낼 수 있겠어."

드디어 결정적인 단서를 잡았기 때문에 몇 년을 이어오던 지겨운 수사를 마치고, 위협을 받던 가족들도 안심할 수 있게 되었다. 김 형사는 아들에게 그동안 집에 일어났던 이상한 일들에 대해 말을 해주기로 결심했다.

"공부하니?"

"아니오. 다음 주까지 리포트를 낼 게 있어서 리포트 쓰는 중이

였어요. 아버지, 무슨 하실 말씀 있으세요?"

"음……. 다름이 아니라, 너도 이제 어른이고 아빠가 없을 때 네가 집안의 가장이니 그동안 집에 계속해서 들었던 도둑에 대해서 할 말이 있다. 사실은 아버지가 몇 달간을 쫓고 있던 거물급 범죄자가 있었단다. 흉악한 범죄를 저지르고도 증거가 잡히지 않아 매번 처벌을 할 수 없었는데, 수사를 계속한 끝에 증거를 찾았고 경찰서 증거물실에 보관해 두었지. 하지만 그 놈들이 어느 날 저녁 잠입해서 증거물을 다 없애 버렸고 다행히 결정적 단서는 아빠 수중에 있어서 안전했다. 그 증거는 우리 집 비밀 금고에 보관해 두었단다. 그래서 그 놈들이 그것을 찾기 위해 그렇게 집안에 드나들었던 거야."

의젓한 아들은 원망을 하기보다는 옳은 길을 가는 아버지께 용기를 북돋아 드렸다. 하지만 다음날 마지막 증거품만 넘기면 마무리 되었을 텐데, 그 날 밤 김형사는 누군가에게 습격을 당해 목숨을 잃었다.

"아버지! 아버지!"

"이놈들! 자신들의 범죄를 숨기기 위해 한 사람을 이렇게 만들다니! 용서할 수 없어! 그 놈들이 증거를 없애기 전에 내가 먼저 경찰에 갔다 주겠어!"

아버지에게 사건에 대해 이야기를 들었던 아들은 아버지를 습격한 사람들이 그 범인이라고 생각했다. 아들은 우선 아버지의 비밀 금고에서 그 놈들을 잡을 수 있는 단서를 찾아 경찰서에 갔다 주려고 했지만, 비밀 금고의 존재만 알았을 뿐 비밀 번호에 대해서는 들어본 적이 없었다. 아버지의 비밀 금고의 다이얼은 다음과 같았다. 안쪽 다이얼을 돌려서 바깥쪽 다이얼의 수에 대응을 시킨 후 우측에 있는 확인 버튼을 누르는 식이었다. 이 금고는 보안을 위해서 단 한번만 확인 버튼을 누를 수 있었다.

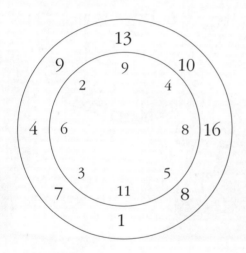

"도대체 어떻게 맞춰야 하지? 아버지! 아버지가 목숨 걸고 죗값을 받게 하겠다던 그 놈들을 제가 처벌하겠어요."

아들은 범인들의 증거가 들어 있는 비밀 금고에 대해 수학법정에 의뢰했다.

두 다이얼에 있는 수들 사이의 관계가 같도록 맞추면 됩니다.

두 개의 다이얼에 써 있는 수들
사이에는 어떤 규칙이 있을까요?
수학법정에서 알아봅시다.

범인을 잡을 수 있는 물증이 비밀번호가

잠긴 금고에 있군요. 금고의 주인이 형사

였기 때문에, 의미를 두고 만든 다이얼인

것 같은 느낌이 듭니다. 수치 변호사는 어떻게 생각하세요?

저도 그렇게 생각합니다. 그런데 그 의미를 찾기가 쉽지가

않네요.

하긴 당신이 아는 게 없겠지요.

확인 버튼을 한번만 누를 수 있다고 하는 게 거짓 아닐까요?

대충 모든 가능한 경우를 맞춰 본 다음에 확인버튼을 눌러 보

면 안 될까요?

그러다 정말 안 열리면요?

그럼 재수사를 해서 다른 증거를 찾으면 되지요.

어이구, 매쓰 변호사, 좋은 생각 없나요?

이 문제는 간단한 퍼즐입니다.

어떤 퍼즐이죠?

두 다이얼에 있는 수들 사이의 관계가 같도록 맞추면 됩니다.

어떤 관계죠?

다이얼을 보면 바깥쪽과 안쪽에 각각 숫자가 적혀 있습니다. 바깥쪽의 숫자 13을 안쪽 숫자 8에 맞추면 됩니다. 그렇게 되면 바깥쪽과 안쪽 숫자 간에 각각 5라는 차가 생깁니다. 그리고 다른 모든 수들 사이에서도 바깥쪽 수와 안쪽 수의 차가 5가 되지요. 이것이 바로 이 다이얼의 비밀입니다.

어라? 정말이네요!

역시 매쓰 변호사군요. 법정에 이런 인재가 있다는 것이 자랑스럽네요. 원고, 금고 다이얼의 비밀을 알게 되었으니 어서 가서 아버지께서 남긴 범인의 증거물을 찾아 경찰서에 넘기십시오. 꼭 범인을 잡아 아버지의 죽음이 헛되지 않았으면 좋겠네요.

재판이 끝난 후, 금고를 열 수 있게 된 아들은 아버지의 금고 속에 들어있던 증거물을 경찰서에 가져다 주었다. 그 후 얼마 지나지 않아 뉴스에서 범인을 잡았다는 소식을 들을 수 있었다.

 짝수와 홀수

홀수는 짝수에서 1을 뺀 수이다. 그러므로 짝수와 홀수의 덧셈에 대해서는 다음과 같은 규칙이 생긴다. 짝수와 짝수의 합 그리고 홀수와 홀수의 합은 짝수가 되고, 짝수와 홀수의 합은 홀수가 된다.

수학성적 끌어올리기

신기한 곱셈

수는 아름다운 규칙을 만들어 줍니다. 곱셈에서 신기한 결과가 나오는 몇 가지 예를 찾아볼까요?

어떤 두 자리 수에 101을 곱하면 그 수가 두 번 나타납니다.

$65 \times 101 = 6565$

세 자리 수, 네 자리 수도 다음과 같이 만들 수 있습니다.

$693 \times 1001 = 693693$

$1738 \times 10001 = 17381738$

어떤 두 자리 수에 10101을 곱하면 그 수가 세 번 나타납니다.

$32 \times 10101 = 323232$

사실 이것은 신기한 일이 아니에요. 예를 들어

693×1001을 보면 $1001 = 1000 + 1$이므로 $693 \times 1001 = 693 \times (1000 + 1) = 693000 + 693 = 693693$이 되는 거죠.

수학성적 끌어올리기

자리를 바꾸어도 결과가 달라지지 않는 곱셈

12 × 42 를 계산하면 504입니다. 12와 42에서 십의 자리수와 일의 자리수를 바꾸면 21과 24가 되는데 이 두 수를 곱해봅시다.

21 × 24 = 504

어라! 결과가 같아졌네요. 이렇게 십의 자리수와 일의 자리수를 바꾼 수들끼리 곱해도 결과가 같아지는 곱셈이 있습니다. 예를 들면 다음과 같은 것들이에요.

12 × 42 = 21 × 24

12 × 63 = 21 × 36

12 × 84 = 21 × 48

13 × 62 = 31 × 26

13 × 93 = 31 × 39

14 × 82 = 41 × 28

23 × 64 = 32 × 46

23 × 96 = 32 × 69

24 × 84 = 42 × 48

$$26 \times 93 = 62 \times 39$$
$$34 \times 86 = 43 \times 68$$
$$36 \times 84 = 63 \times 48$$
$$46 \times 96 = 64 \times 69$$

신기한 수 142857

142857에 2부터 6까지 차례로 곱해봅시다.

$$142857 \times 2 = 285714$$
$$142857 \times 3 = 428571$$
$$142857 \times 4 = 571428$$
$$142857 \times 5 = 714285$$
$$142857 \times 6 = 857142$$

어라? 답이 모두 1, 2, 4, 5, 7, 8로 만 이루어져 있고 순서만 달라졌네요. 하지만 이것은 우연한 일입니다. 7부터는 결과가 달라지기 때문이죠. 예를 들어 7과의 곱은 다음과 같습니다.

$142857 \times 7 = 999999$

아름다운 곱셈식

1과 × 만으로 모든 숫자가 나오게 할 수 있습니다.

$1 \times 1 = 1$

$11 \times 11 = 121$

$111 \times 111 = 12321$

$1111 \times 1111 = 1234321$

$11111 \times 11111 = 123454321$

$111111 \times 111111 = 12345654321$

$1111111 \times 1111111 = 1234567654321$

$11111111 \times 11111111 = 123456787654321$

$111111111 \times 111111111 = 12345678987654321$

다음과 같이 신기한 곱셈식들도 있습니다.

$$1 \times 7 + 1 = 8$$

$$12 \times 7 + 2 = 86$$

$$123 \times 7 + 3 = 864$$

$$1234 \times 7 + 4 = 8642$$

$$12345 \times 7 + 5 = 86420$$

$$9 \times 9 + 7 = 88$$

$$98 \times 9 + 6 = 888$$

$$987 \times 9 + 5 = 8888$$

$$9876 \times 9 + 4 = 88888$$

$$98765 \times 9 + 3 = 888888$$

$$987654 \times 9 + 2 = 8888888$$

$$9876543 \times 9 + 1 = 88888888$$

$$98765432 \times 9 + 0 = 888888888$$

일반적인 수학퍼즐에 관한 사건

400㎖를 맞추지 못해 눈물 흘린 사연

300㎖, 500㎖, 800㎖만 가지고도 400㎖를 정확히 맞추어 소스의 비밀을 풀 수 있을까요?

이영식 씨는 올해 초 갑자기 쓰러지신 아버지를 대신해서 아버지께서 운영하던 식당을 꾸려가고 있다. 하지만 아버지의 병원비로 많은 돈을 써 버렸고, 가게 운영에 대해서는 전혀 알지 못했기 때문에 오히려 가게의 빚은 늘어만 갔다. 이대로 있다가는 가족들 모두의 생활이 어려워질 것이라고 생각한 영우 씨는 중대한 결심을 했다.

"어머니. 장남인 제가 가게를 살리겠습니다. 흑흑흑"

'두고 봐. 옆 식당 요리의 비밀을 반드시 알아내서 우리 가게를 일으켜 세우겠어.'

바로 자신의 식당 옆에 있는 식당에 취직하여 요리의 비밀을 알아내기로 한 것이다. 그 식당은 대대로 주방장을 해오는 요리사가 집안 사람만이 알고 있는 요리비법으로 요리한다고 하여 유명해진 식당이다. 맛이 일품이어서 한번 맛을 본 사람은 3일 동안 꿈속에서 나올 정도라고 한다.

"안녕하세요. 오늘부터 출근하게 된 보조요리사입니다."

아버지가 운영하던 식당이 할 수 없이 폐업을 하는 바람에 이렇게 옆 가게로 취직을 하게 되었다고 둘러댄 영식 씨는, 사정을 알고 있는 사장의 배려로 주방에서 일할 수 있게 되었다. 유니폼으로 갈아입은 영식 씨는 주방으로 가서 드디어 주방장을 만나게 되었다.

"우리 식당에선 지켜야 할 사항이 있네. 내가 재료의 양을 맞출 때는 절대 주방에 있어서는 안 되네. 식당의 요리는 모두 내가 개발했네. 다른 사람에게 요리를 만드는 비법을 쉽게 알려줄 수 없어서 그러는 것이니 이해해주게. 자네뿐만 아니라 식당의 모든 사람들이 그렇게 하는 것이니 불평은 말게."

첫 만남부터 사무적인 말투로 영식 씨를 대하는 주방장의 태도에서 요리의 비밀을 알아내기 위해서 취직했던 사람들이 한두 명이 아니었음을 눈치 챌 수 있었다.

'비밀을 알아내는 과정이 순탄치는 않겠어.'

이제 가장 중요한 일은 주방장의 신임을 얻는 것이다. 그렇지 않고서는 그가 요리 하는 장면을 절대 볼 수 없을 것이고, 아버지 가게까지 포기하고 이쪽에 취직한 이유가 사라지게 된다.

'일단 며칠이라도 열심히 일하는 모습을 보여줘야겠어. 주방장이 일할 때 기웃거렸다가 괜히 의심만 살 수 있으니까.'

영식 씨는 주방보조들이 하는 일부터 식당의 온갖 궂은일은 도맡아서 했다. 아침 일찍 출근해서 주방의 도구들을 윤나게 닦는 일은 물론, 몇 시간동안 눈물을 흘리며 양파를 까는 일까지 마다하지 않았다. 그렇게 몇 주를 고생한 끝에 영식 씨는 주방장으로부터 칭찬을 받게 되었고, 첫 만남 때 그가 했던 말과 달리 영식 씨는 그가 요리하는 모습도 조금씩 구경할 수 있게 되었다.

'오늘부터 서서히 작전을 시작해야겠어.'

우선 영식 씨는 주방장이 자신 있는 요리 몇 가지를 어머니 생일을 핑계로 만들어 달라고 할 셈이었다. 그리고 음식을 만들기 시작하면 옆에서 요리를 만드는 모습을 조금씩 보며 재료와 소스 등을 알아내기로 했다.

"주방장님 부탁이 있습니다. 오늘이 저희 어머니 생신인데 주방장님 요리를 어머니께 가져다 드리고 싶습니다. 세상에서 제일 맛있는 주방장님 요리를 가져다 드리면 정말 좋아하실 것 같아서요."

"자네가 가게 일 한지도 꽤 되었군. 그렇다면 내가 그 정도는 해줄 수 있지."

"제가 옆에서 보조 재료를 다듬어 드리겠습니다."

"지금 다들 퇴근해서 어차피 손도 없으니 자네가 도와주게. 대신

내 쪽을 돌아봐선 안 되네."

주방장이 요리하는 모습을 영식 씨는 차분하게 지켜볼 수 있었다. 물론 주방장이 눈치 채지 못하게 힐끔힐끔 보는 수준이었지만 식당이 문을 연 시간엔 음식을 만드느라 바쁘기 때문에 주방장이 음식을 만드는 모습을 보기란 하늘의 별따기였다.

'이런 재료들이 들어가는 거였군. 주방장이 만들어준 음식을 먹어보면서 나머지 재료를 짐작해 봐야겠어.'

영식 씨는 주방장의 행동 하나하나 외우기 위해 촉각을 곤두세웠다. 그동안 틈틈이 봐왔던 것과, 식당에서 남은 음식을 몰래 가져와 먹어보면서 자신이 도저히 알 길이 없던 재료들을 확인하며 영식 씨는 어느 정도 요리의 비밀을 파악하게 되었다. 하지만 문제가 딱 하나 있었는데 바로 소스의 비밀이었다. 유난히 소스에 집착했던 주방장은 항상 소스를 순식간에 만들어 버렸다.

'이제 웬만한 요리의 비밀은 알아냈는데 소스의 비밀을 모르겠어. 농도가 정해져 있을 텐데, 아무리 연습을 해봐도 그 맛을 낼 수가 없어. 그것만 알아내면 이제 끝인데.'

하지만 며칠 후 그에게 뜻하지 않은 굉장한 기회가 찾아왔다. VIP손님을 맡게 된 주방장이 무리하다가 쓰러진 것이었다.

"주방장님! 주방장님! 괜찮으세요? 일단은 제가 병원에 같이 가볼게요."

영식 씨는 주방장을 구급차에 태우고 병원으로 향했다.

"정말 큰일이네. 주방장님이 쓰러지시면 오늘 음식은 어떻게 되는 거지?"

병실에 누워 있던 주방장은 2시간 정도 누워 있다가 눈을 떴다.

"자네가 나를 따라와 주었군. 지금은 몸이 조금 괜찮아졌지만 며칠 동안 과로를 해서 언제 또 쓰러질지 모르겠어. 자네가 날 위해 할 일이 있네."

"주방장님이 이렇게 아프신데 뭐든 부탁하세요. 제가 다 들어 드릴게요."

"오늘 중요한 손님 5명 예약 있는데, 자네 알지?"

"당연하죠. 그거 준비하시다가 쓰러지셨잖아요."

"자네가 그때 나갈 음식을 만들어야겠어. 웬만한 재료는 내가 다 준비 해놨어. 사람 수에 맞게 해놨으니 요리를 해서 5인분으로 접시에 나눠 담기만 하면 돼. 문제는 소스가 없다는 거야. 그걸 자네가 좀 해줘야겠어."

"그건 주방장님 비밀이잖아요. 저한테 말해주셔도 괜찮을지……."

영식 씨는 자신의 귀를 믿을 수가 없었다. 자신이 그토록 알고자 했던 소스의 비밀을 지금 주방장이 말해주고 있었기 때문이다.

"자네를 믿고 하는 말이야. 빨리 가서 음식을 준비하고 소스를 만들도록 해. 소스는 냉장고에 재료를 다 준비해 놓았어. 물을 넣고 정확한 농도가 될 때까지 끓여서 내놓기만 하면 돼. 가서 무조건 일인분 당 400$m\ell$넣고 정확하게 5분을 끓이게. 이 두 가지를 꼭 정확하게 지켜야 하네.

'후후후 드디어 요리의 모든 비밀이 밝혀졌군.'

영식 씨는 몇 주간의 고생 끝에 드디어 요리의 모든 비밀을 밝혀 냈다. 하지만 식당에서 일하면서 든 정을 생각해 주방장의 부탁도 들어드리고 싶었던 영식 씨는 식당으로 향했다.

"이런 400$m\ell$ 컵은 없고 300$m\ell$, 500$m\ell$, 800$m\ell$만 있네. 비밀을 알긴 했지만 한번 만들어 보긴 해야 할 텐데…… 어쩔 수 없지. 5명이라고 했으니 2ℓ를 넣고 끓여야겠군. 있는 컵으로 대충 맞춰봐야지."

400$m\ell$ 계량컵이 없었던 탓에 영식 씨는 눈대중으로 2ℓ를 맞춰 소스를 제작하였고, 미식가였던 VIP손님은 금세 소스의 맛이 변했다는 것을 눈치 챘다.

"이런, 음식 맛이 변했군요. 이 음식이 너무 맛있어서 일부러 차까지 타고 왔는데. 정말 실망이군요. 저희는 여기서 식사를 마치고 그냥 가겠습니다."

결국 손님들은 음식을 다 먹지 않고 떠났다. 뒤늦게 이 사실을 안 주방장은 영식 씨를 해고했고, 영식 씨는 자신이 아무 잘못이 없다며 주방장을 수학법정에 고소했다.

1ℓ는 액체의 부피를 나타내는 단위로
한 변의 길이가 10cm인 정육면체에 담긴 액체의 부피입니다.

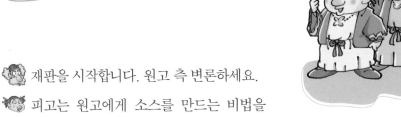

300mℓ, 500mℓ, 800mℓ로
어떻게 400mℓ를 만들 수 있을까요?
수학법정에서 알아봅시다.

재판을 시작합니다. 원고 측 변론하세요.

피고는 원고에게 소스를 만드는 비법을
알려주었습니다. 일인분에 400mℓ씩을 넣
고 5분간 끓이는 방법이지요. 5인분의 주문을 받은 원고는
일인분씩 소스를 만들려고 했으나 400mℓ짜리 계량컵이 없는
것을 알게 되어 원고는 어쩔 수 없이 2ℓ를 한꺼번에 넣고 만
들 수밖에 없었습니다. 그러자 손님들은 맛이 변했다고 음식
을 다 먹지도 않은 채 떠나버렸지요. 이는 분명히 평소 원고
가 피고의 요리법을 궁금해 한다는 것을 안 피고가 원고를 골
탕 먹이기 위해 일부러 필요하지도 않은 계량컵만 갖다 놓고
피고를 시험한 것입니다. 300mℓ와 500mℓ, 800mℓ짜리 계량컵
으로 어떻게 400mℓ를 맞출 수 있겠습니까?

300mℓ와 500mℓ, 800mℓ짜리 계량컵만으로 400mℓ를 맞춘다.
꽤 힘들었겠군요. 하지만 방법이 있지 않을까요? 매쓰 변호
사, 이 문제를 풀 수 있겠습니까?

물론입니다. 피고는 원고를 골탕 먹이기 위해 그런 것이 아닙
니다. 300mℓ, 500mℓ, 800mℓ의 계량컵으로도 400mℓ를 충분히

맞출 수 있습니다.

 방법이 있군요. 어떻게 하면 되나요?

 그 방법을 자세히 설명해주실 분으로 수학자이신 다풀어버려 씨를 증인으로 요청합니다.

    무테안경을 쓴 부리부리한 눈과 갸름한 턱을 가진 한눈에 보기에도 수학자같이 생긴 한 남자가 증인석으로 나왔다.

 300㎖, 500㎖, 800㎖의 계량컵으로 400㎖의 양을 맞출 수 있는 방법을 알고계시죠?

 그렇습니다.

 어떻게 하면 되나요? 가르쳐 주시죠.

 먼저 800㎖의 컵에 물을 가득 채웁니다. 그럼 세 컵에 든 물의 양은 다음과 같죠.

300㎖컵	500㎖컵	800㎖컵
0	0	800

다음에는 800㎖ 컵의 물을 500㎖컵에 가득 부어요. 그럼 800㎖ 컵에는 300㎖만 남지요.

300㎖컵	500㎖컵	800㎖컵
0	500	300

다음 500㎖컵의 물을 300㎖의 컵에 가득 부어요.

300㎖컵	500㎖컵	800㎖컵
300	200	300

다음에는 300㎖컵의 물을 800㎖컵에 부어요.

300㎖컵	500㎖컵	800㎖컵
0	200	600

다음은 500㎖컵의 물을 300㎖컵에 부어요.

300㎖컵	500㎖컵	800㎖컵
200	0	600

다음은 800㎖컵의 물을 500㎖컵에 부어요.

300㎖컵	500㎖컵	800㎖컵
200	500	100

다음 500㎖컵의 물을 300㎖컵에 부으면 100㎖만 들어갈 수 있으므로 500㎖컵에는 물 400㎖만 남게 되지요.

그렇군요. 판사님, 이런 방법을 사용하면 300㎖, 500㎖, 800㎖의 계량컵으로 정확히 400㎖를 만들 수 있습니다.

훌륭합니다. 이런 방법이 있었네요. $300\,m\ell$, $500\,m\ell$, $800\,m\ell$의 계량컵으로 $400\,m\ell$를 만들 방법이 있으니 피고가 원고를 골탕 먹이기 위해 일부러 할 수 없는 일을 시켰다는 생각은 들지 않습니다. 원고는 피고에 대한 오해를 푸시기 바랍니다.

재판이 끝난 후, 영식 씨는 자신을 믿어주었던 주방장님을 의심했던 것을 반성했다. 영식 씨는 앞으로 요리 뿐 아니라 수학 상식도 공부해서 멋진 요리를 만드는 데 수학을 활용해 보겠다고 다짐했다.

 리터 ℓ

리터는 주로 액체의 부피를 나타내는 단위로 1리터란 한 변의 길이가 10cm인 정육면체에 담긴 액체의 부피이다. 1리터의 1000분의 1을 1밀리리터라고 하는 데 이것은 한 변의 길이가 1cm인 정육면체에 담긴 액체의 부피이다.

동전탑을 쌓아라

슈퍼개그시니어는 동전을 옮겨 스타실버벨을 올릴 수 있을까요?

내로라 하는 연예인들이 모두 한번씩은 출연한
다는 인기프로그램 '스타실버벨'이 있었다. 이 프
로그램에 출연하기만 하면 모두 뜬다는 속설이 있
을 정도로 많은 사람들에게 인기가 있었다. 누구나 인정할 만한 말
솜씨를 가진 김지동 씨와 딱딱하다는 아나운서의 이미지를 벗은
박제윤 아나운서가 진행하는데, 이들의 입담 때문에 프로그램을
본다는 시청자도 있을 정도였다. 그래서 스타실버벨은 시청자들의
토요일 저녁을 책임지는 대표 프로그램이었다.

"네, 오늘 어렵게 출연해주신 슈퍼개그시니어입니다!"

앞부분에서는 출연한 연예인을 소개했는데, 한창 주가를 올리고 있는 개그 삼총사인 슈퍼개그시니어팀이 출연해서 화제가 되었다. 그들은 명문대 출신인데다 잘 웃기기도 해서 요즘 뜨고 있는 개그팀이었다.

"안녕하세요, 슈퍼개그시니어의 제1인자 박맹수입니다. 쪼쪼쪼!"

"안녕, 안녕, 안녕, 나는 당신을 해치지 않아요~ 우하하하 노형철이에요~"

"반갑습니다. 저는, 그러니깐, 여기 참 어색하네요. 정홍돈입니다."

나란히 앉아 각자 인사를 했다. 그들은 각자 개성이 강했기 때문에 같이 다니지만 개그 방식은 달랐다. 그런 그들이 맨 앞자리에 나란히 앉으니 방청석에서 웃음소리가 끊이지 않았다.

"역시 슈퍼개그시니어팀이네요. 이 팀은 모두 명문대를 졸업하셨죠? 이 퀴즈 프로그램과 잘 어울린다고 생각하지 않으세요?"

김지동은 슈퍼개그시니어팀과 많은 이야기를 나누기 위해서 그들의 타이틀인 명문대 졸업이야기를 꺼냈다. 그러나 그것은 사실이 아니었다. 똑똑한 개그팀이라는 이미지를 만들기 위해 학력을 속인 것이었다. 그러나 그들은 눈 하나 깜짝하지 않고 자신의 출신 대학을 말했다.

"지적 수준이 거성인 저희와 딱 어울리는 프로그램이지요. 저희는 사울대, 얀세대, 고료대를 나왔으니 이 정도 퀴즈는 1인자인 저를 더 빛나게 하지요."

박맹수가 비어있는 앞이마를 가리며 거만한 태도로 말했다.

"역시 제일 기대되는 팀입니다! 노형철 씨는 자신있습니까?"

"형님, 형님, 저를 어떻게 보시는 거예여~ 자신 있다구요~ 넘쳐요 막 넘쳐~"

노형철은 카메라가 자신을 잡지 않을 때는 가만히 있지를 못하고 옆에 앉아있는 예쁜 여자 연예인에게 말을 걸고 있다가 급하게 말했다. 김지동 씨는 짧은 대답을 원했지만 노형철에게 짧은 대답을 기대하는 것이 잘못했다는 생각을 했다. 다른 사람들의 인사가 끝나고 사이사이에 쉬운 퀴즈를 풀어갔다.

"이 정도는 식은 죽 먹기인데, 아직도 문제 푸는 게 어색하네요."

정홍돈은 퀴즈를 풀만하냐는 박제윤 아나운서의 물음에 수줍어 하며 대답했다. 이렇게 준비된 중간 단계를 가뿐하게 넘겼다. 전문 지식보다는 재미를 위한 문제들이 많이 나왔기 때문에 모두들 무난하게 잘난 체하며 풀 수 있었다. 그러나 정말 어려운 문제는 제일 마지막에 나오는데, 이것은 출연자들의 추천을 받은 사람만이 풀 수가 있었다.

"자. 중간 단계까지 잘 오셨습니다. 그럼 이제 제일 마지막, 실버벨 문제를 푸실 분을 정해야 되는데요. 이번 주 역시 추천 받겠습니다."

김지동은 카메라를 보면서 말했다. 그리고 잠시 환한 불이 꺼지고 출연자들은 모두 자신이 들고 있는 작은 칠판에 마지막 문제를 풀 사람을 적었다. 1분이 채 되기도 전에 불은 다시 켜졌다. 불이 켜지자 출연자들은 칠판을 들어 자신이 적은 사람들의 이름을 보이도록 했다. 대부분 슈퍼개그시니어의 이름이 적혀 있었다.

"네! 슈퍼개그시니어를 제외한 모든 분들이 슈퍼개그시니어의 이름을 적으셨습니다! 역시 명문대 출신인 개그팀을 믿으시는군요! 마지막 문제를 풀 수 있는 영광을 얻은 슈퍼개그시니어분들 일어나셔서 여기 준비된 자리에 앉아주세요!"

김지동 씨는 마지막 문제를 풀 수 있는 특별한 자리를 가리키며 말했다. 막상 어려운 문제를 풀어야하는 슈퍼개그시니어팀은 얼굴에 긴장한 흔적이 역력했다. 어쩔 수 없이 준비된 자리에 세 명이 앉았다.

"긴장돼~긴장돼~긴장돼~ 맞춰야지~"

"거성의 힘을 보여드리지요. 쪼!쪼!쪼!"

삶이 개그인 수퍼개그시니어는 자리를 옮겨서도 재미있는 입담으로 사람들의 웃음을 자아내고 있었다. 그리고 얼마 지나지 않아 마지막 문제가 출제되었다. 박제윤 아나운서는 또박또박 문제를 말하며 준비된 동전 8개를 주었다.

"앞의 동전 8개를 받으셨죠? 이것을 일직선으로 나란히 나열해 주세요. 그럼 이제 마지막 문제입니다. 동전은 두 개의 동전만 넘어 갈 수 있습니다. 이 규칙에 따라 다음 동전을 두 개씩 네 더미로 만드세요."

셋은 문제를 듣고는 멍하게 있었다. 어떻게 해야 할 지 엄두가 나지 않았다. 사람들은 명문대라고 알고 있지만 사실 그들은 고등학교를 졸업하고 바로 개그맨 준비를 했기 때문에 전문지식에 대해서는 햇병아리 수준이었다. 그들은 일단 동전을 이리저리 옮겨보았다. 머리를 쓰기보다는 일단 해보자는 생각이었다. 그러나 생각만큼 쉽게 되지 않았다.

"왜이래~ 어려워~어려워~"

온종일 말을 하는 노형철은 마지막 문제를 풀면서도 말을 멈추지 않았다. 그런 노형철을 보며 누가 비난개그를 하는 개그맨 아니랄까 봐 박맹수가 비난하기 시작했다.

"말 좀 그만해! 너의 그 수다개그도 수명이 얼마 남지 않았어!"

그렇게 티격태격하는 사이에 제한시간이 모두 지나갔고, 삐- 하는 소리가 들렸다.

"네~ 슈퍼개그시니어팀, 실패하셨습니다. 명문대 출신이라 많은 사람들이 기대하고 있었는데 아쉽네요."

김지동의 멘트로 프로그램의 마무리를 지으려고 할 때였다. 슈퍼개그시니어의 고집으로는 제1인자인 박맹수가 김지동의 말을 막으며 말했다.

"이건 답이 없습니다."

"네? 아닙니다~ 답이 있습니다. 단지 풀지 못하신 것뿐이에요."

"그럼 우리 박맹수 형님이 거짓말이라도 하셨다는 건가요? 이건 정말 답이 없다구요"

  옆에서 잠자코 있던 정홍돈이 여전히 어색하게 말했다. 노헝철도 옆에서 계속 답이 없다고 중얼거리고 있었다. 결국 프로그램의 마무리는 하지 못했다. 프로그램이 끝난 후 분을 삭이지 못한 슈퍼개그시니어팀은 스타실버벨 제작진을 수학법정에 고소했다.

우선 4번째 동전을 7번째에,
6번째 동전을 2번째에 올려놓으면 쉽게 풀립니다.

동전을 어떻게 옮겨야 할까요?
수학법정에서 알아봅시다.

재판을 시작합니다. 원고 측 변론하세요.

피고는 원고에게 답이 없는 문제를 출제
했습니다. 결국 문제를 풀지 못하자 명문
대생이 왜 맞추지 못했냐는 말을 했지요. 아무리 명문대생이
라도 답 없는 문제를 풀 수는 없잖아요?

정말 답이 없는 문제였을까요?

판사님이 한번 해 보시겠어요?

네? 그건 좀, 매쓰 변호사, 정말 답이 없는 문제인가요?

아닙니다. 분명 답이 존재하는 문제입니다. 수치 변호사께서
잘 모르고 계신 것 같네요.

또 답이 있다고요?

네, 답이 있습니다. 그 사실에 대해 설명해 주기 위해서 명문
과학고등학교의 장차과학자 학생을 증인으로 요청합니다.

받아들입니다. 증인은 증인석으로 나오십시오.

깔끔하게 교복을 갖춰 입은 남학생이 증인석으로
나왔다.

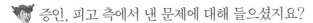 증인, 피고 측에서 낸 문제에 대해 들으셨지요?

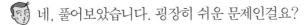 네, 풀어보았습니다. 굉장히 쉬운 문제인걸요?

쉬운 문제였다구요? 어떻게 해결하면 되는 문제입니까?

다음과 같이 동전이 있어요.

이제 네 번째 동전을 7번째 동전에 올려놓아 보세요.

그 다음에는 6번째 동전을 두 번째 동전위에 올려놓아요.

그 다음 세 번째 동전이 두 개의 동전을 넘어 1번째에 올라갑니다.

마지막으로 다섯 번째 동전이 두 개의 동전을 넘어 맨 마지막 위로 갑니다.

그렇군요! 비밀을 알고 나니 굉장히 쉬운 문제였군요! 판사님, 금방 보셨던 것처럼 증인의 방법을 이용하면 쉽게 문제를 풀 수 있습니다.

재미있군요. 현장에서 이렇게 바로 문제를 해결하다니, 굉장히 똑똑한 학생이네요. 원고, 증인이 문제를 푸는 모습을 보셨습니까? 답이 없는 문제라고 우겼지만 분명 답이 존재하는 문제네요. 수학에 대해 좀 더 공부하실 필요가 있는 것 같네요. 피고 측이 답 없는 문제를 출제한 것이 아니니 원고 측은 문제를 풀지 못했음을 인정하세요. 이상으로 재판을 마치겠습니다.

재판이 끝난 후, 슈퍼개그시니어는 결과를 인정할 수밖에 없었다. 사건 후 인터넷에는 슈퍼개그시니어의 학력을 의심하는 글들이 많이 올라왔고, 결국 슈퍼개그시니어는 명문 대학을 다니지 않았다고 밝혔다. 그 후 한동안 비난을 받았지만, 시청자들을 속이

고 있다는 미안함에서 벗어날 수 있었던 슈퍼개그시니어는 오히려 마음이 편했다. 이 후 한 인터뷰에서 슈퍼개그시니어는 고학력이 아니더라도 재미있는 개그를 보일 수 있다는 것을 보여주기 위해 더욱 더 노력하겠다고 말했다고 한다.

대진표를 만들지 못한 기자의 사연

감 기자가 다섯 팀의 대진표를 만들어 무사히 기사를 쓸 수 있을까요?

내일이면 드디어 모두가 기다리는 세계 야구대회가 열린다. 총 30여 개 나라가 참가하여 치열한 예선전을 거쳐 본선에 진출하고, 토너먼트 형식으로 본선에 진출한 5개 나라가 경쟁을 벌이는 세계적인 야구대회이다. 세계 야구 강대국인 곱셈공화국과 지난 해 세계 야구 대회에서 우승을 했던 과학공화국, 그리고 새롭게 덧셈공화국과 뺄셈공화국과 나눗셈공화국이 참여하여 이루어진다. 두 번 다시 볼 수 없는 강팀들끼리의 세기의 대결이기 때문에, 올해는 다른 해보다 더욱 많은 사람들의 관심이 집중되었다.

요즘 들어 스포츠에 대한 관심이 시들해지면서 판매부수가 점점 떨어지던 '스포츠가 좋다'의 신문사 사장은 이번이 자신들의 이름과 판매부수를 확실하게 올릴 수 있는 기회라고 생각했다. 그래서 다른 신문사보다 좀 더 정확하고 폭넓은 대회의 정보를 알리기 위해 신문사 사장은 다른 신문사보다 1초라도 더 빠른 정보를 전달해야 한다고 생각했다. 더군다나 이번 신문은 사장으로 승진한 후 처음 발행하는 신문이기 때문에 더 많은 정성을 쏟아 발행하고자 했다. 이번 기회에 그는 자신과 신문사의 발전, 두 마리 토끼를 잡기로 하였다.

스포츠 신문사의 사장은 어떻게 하면 가장 먼저 정확한 소식을 사람들에게 알릴까를 고민하다가, 우선은 내일 대회 시작을 알리는 대진표 발표부터 가장 빠르게 보도할 수 있도록, 대회에 참가한 다섯 팀으로 만들어 질 수 있는 모든 대진표를 미리 작성해 두라고 지시하였다.

"김 부장, 내일 발행될 신문은 나에게 정말 중요한 기회라는 거 알지? 기자들에게는 써놓은 기사를 한번 더 확인하고 대회의 전반적인 내용과 참여 국가 정보들 빠짐없이 쓰고, 내일 대회 첫 시작을 알리는 대진표 발표에서 우리의 이름을 확실히 알리자고. 그러기 위해선 자네가 내일 대회에 가능한 모든 대진표를 만들어 놓았으면 하네. 모든 상황을 미리 만들어 두면 다른 신문사 보다 빠르게 신문을 찍어낼 수 있을 거야."

"네, 사장님 내일 새벽 5시에 대진표가 발표된다고 하니, 그 전에 확실히 마무리 하도록 하겠습니다."

"그래, 발표하는 즉시 인쇄할 수 있도록 꼼꼼하게 준비해 두라고. 난 이만 퇴근 하겠네. 수고하게."

"네, 내일 뵙겠습니다."

사장은 신문사를 떠나고 남은 편집부장과 기자들은 세계 야구대회에 대한 정보를 조사하느라 피곤한 기색이 역력했지만 모두 각자의 자리에서 맡은 기사를 작성했다.

"이봐, 감 기자. 내일 나갈 기사는 마무리가 다 됐나?"

"아이고~ 말도 마십시오. 마무리 하려면 시간이 꽤 걸릴 텐데요. 현장 조사를 하느라 너무 무리해서 그런지, 글 쓰는데 꽤 오래 걸리네요.

"피곤하겠지만 어서 끝내라고! 자넨 할 일이 또 남았어. 빨리빨리 마무리 하고 내일 경기 대진표 좀 만들어 놓게"

"아~ 편집장님, 아직 할 일도 많은데 대진표까지요?"

"그런 말 말게. 사장님 지시니까 그냥 시키면 시키는 대로 하라고. 내일 열릴 야구 대회에 참여하는 나라가 모두 몇 개국이랬지?"

"과학공화국을 포함해서 총 5개 나라예요"

"그래, 그럼 내일 새벽에 대진표를 발표할 예정인데 자네는 지금부터 다섯 나라의 대진표를 만들도록 해. 그리고 지난해 자네가 대진표 못 만들어서 스포츠 신문사들 중에서 우리가 가장 늦게 신문 찍어낸 거 기억하지? 난 지금 감 기자에게 그걸 만회할 수 있는 기회를 주는 거니까 이번에는 꼭 대진표 만들어 두도록!"

"편집장님, 제발 대진표 만드는 것만은……."

편집장은 며칠 제대로 잠을 못자서 몸이 지칠 대로 지쳐있는 상태였고, 신문사의 기자들 중 그나마 시간이 남는 사람이 감 기자였기 때문에 그에게 부탁한 것이다. 하지만 그에게는 치명적인 단점이 하나 있었으니, 대진표를 짜는 것에 무척이나 약하다는 것이었다.

"사장님께서 내일 나올 신문에 대한 기대가 엄청나게 크시니까 자네들도 오늘 밤을 새더라도 기사는 마무리 짓고 들어가야 될 거야. 내일 새벽 4시까지는 마무리 돼야 하니까 분발하라고~"

편집장이 잡지사를 떠나자마자 여기저기서 원망의 소리가 들리기 시작했다.

"아~ 너무해서. 오늘 하루 종일 인터뷰하느라 피곤해 죽겠는데. 이봐, 오 기자 자네 오늘 좀 한가하지 않았나? 자네가 책임지고 좀 만들지 그래. 난 오늘 야구선수 박홈런군 취재하려고 부산까지 내려갔다 왔다고. 피곤해 죽겠어 아주"

"아이고, 감 기자님, 무슨 그런 말씀을 하십니까?! 저도 오늘 축구선수 안달려 씨 현지 훈련장에 가서 훈련하는 사람 붙잡고 취재하느라 얼마나 땀을 빼고 왔는데요. 그래도 야구선수 전문 취재기자시니까 사장님이 시키신 거 아니겠습니까. 그리고 저번에 실수

하신 것도 있으니까 이번엔 잘해서 사장님께 사랑 좀 받으세요."

자신이 대진표를 잘 만들지 못한다는 것에 대해서는 누구보다 잘 알고 있었지만 자신의 일을 처리하느라 바쁜 다른 기자들에게 부탁을 할 수도 없는 노릇이었다.

감 기자는 다섯 팀을 가지고 만들 수 있는 대진표를 만들기 위해 밤새 고민을 해봤지만 대진표 발표를 하는 시간이 거의 다 될 때까지도 대진표를 만들지 못했다.

"아니 감 기자, 이게 뭔가? 대진표는 어디에 있는 거야?!"

"아! 편집장님, 그게……."

"곧 마감인데 이걸 어떻게 해야 하는 건가?"

"……"

"이 사람들아, 내가 그렇게 당부를 하고 갔건만 왜 아무도 이걸 확인하지 않았던 거야? 자네들 왜 그렇게 책임감 없이 일을 하는가? 나한테 오늘 신문 발행이 얼마나 중요한 일인데. 대진표 하나 때문에 신문 발행을 취소하게 되었지 않은가! 고작 다섯 나라로 대진표 만드는 게 뭐 그렇게 어려워서 그걸 빠트렸나? 이제 어쩔 셈이야?"

"죄송합니다. 사장님. 저 역시도 밤새 해보려고 해봤지만 도무지 어떻게 해야 할지를 몰라서, 다섯 팀으로 가능한 모든 대진표를 만드는 것이 저한테는 세상 어떤 일보다 어려운 일이었습니다.

"됐네, 난 자네들같이 책임감 없는 사람들이랑은 더 이상 같이 일을 못하겠네. 다들 오늘부터 해고야, 당장 나가!"

"사장님, 이런 일로 해고하시면 어떡합니까! 말도 안 됩니다!!"

스포츠 신문사의 기자들은 아침부터 해고를 당해 어쩔 줄을 모르며 당황해하고 있었다.

"이건 아니잖아! 우리가 왜! 무슨 이유로 해고당해야 한단 말이야?!"

"그래요, 맞습니다! 이런 이유로 해고당할 수는 없어요!"

이렇게 억울하게 해고당한 감 기자를 비롯한 스포츠 신문사의 기자들은 단체로 수학법정에 신문사 사장을 고소하게 되었다.

다섯 개 중에서 2개 뽑는 방법의 수와 3개 중에서
3개를 뽑는 방법의 수를 더하면 됩니다.

다섯 팀으로 만들 수 있는 서로 다른
대진표는 모두 몇 가지일까요?
수학법정에서 알아봅시다.

재판을 시작하겠습니다. 피고 측 먼저 변론하십시오.

피고는 원고에게 다음날 아침까지 발행을
해야 하는 신문에 내기 위해 모든 가능한 다섯 팀의 축구 대
진표를 만들어 놓으라고 했습니다. 네 팀이라면 몰라도 다섯
팀이 어떻게 토너먼트로 시합을 합니까? 이건 말이 안 돼요.
그러므로 사장의 요구에 문제가 있다는 게 저의 주장입니다.

그럼 피고측 변론하세요.

피고 측에서는 대진표를 못 만든다고 했지만, 다섯 팀의 대진
표를 만들 수 있다는 것을 증명할 수 있습니다. 이를 위해 수
학자이신 피타고리타 씨를 증인으로 요청합니다.

머리가 수더분하게 긴 남자가 마치 사이비종교
교주 같은 검은 망또를 두른 채 증인석으로 나왔다.

다섯 팀이 어떻게 토너먼트 시합을 하지요?

간단합니다. 다음과 같이 대진표를 만들면 됩니다.

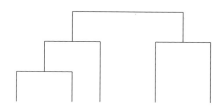

이렇게 어떤 두 팀은 다른 세 팀보다 한 경기를 더 치르게 하면 다섯 팀이 토너먼트 경기를 치를 수 있습니다.

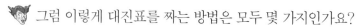 그럼 이렇게 대진표를 짜는 방법은 모두 몇 가지인가요?

 30가지입니다.

30가지나 되나요? 겨우 5팀으로 만드는 데요?

물론입니다. 먼저 세 팀을 두 개의 조로 나누어야 합니다. 한 조는 3팀이 경기를 벌이고 다른 한 조는 두 팀이 경기를 벌이지요. 이렇게 5팀을 2팀과 3팀으로 나누는 방법은 $_5C_2 \times _3C_3$ 가지가 됩니다.

$_5C_2$가 뭐죠?

다섯 개 중에서 2개를 뽑는 방법의 수를 나타내는 기호입니다.

어떻게 계산하죠?

$_5C_2 = \dfrac{5 \times 4}{2 \times 1} = 10$이 됩니다. 즉 분자는 5부터 시작해서 하나씩 줄어든 수를 곱하는 데 곱한 수가 2개가 되어야 하고 분모는 2부터 시작하여 하나씩 줄어든 수를 곱하는 데 곱한 수가 2개가 되게 하면 됩니다. 그러므로 $_3C_3$은 분자와 분모가 같으므로 1이 됩니다. 즉 5개의 팀을 2팀과 3팀의 두 조로 나누는 방법은 10가지가 되지요. 2팀으로 결정된 조는 두 팀이 경기

를 치르는 방법이 한 가지이지만 세 팀으로 구성된 조는 이들

이 경기를 치르는 방법이 역시 3개의 팀을 2개 팀과 1개 팀으

로 나누는 방법수가 되어 $_3C_1 \times _2C_2 = 3$(가지)가 됩니다. 그

러므로 총 경우의 수는 $10 \times 3 = 30$(가지)가 되지요.

 이런 식으로 해서 30가지가 나올 수 있게 됩니다.

 그렇군요. 정말로 30가지나 나올 수가 있군요. 겨우 5팀으로

이루어진 대진표지만 그 가짓수가 30가지나 될 수 있다고 하

니 원고 측에서 대진표를 만드는 것이 결코 쉽지만은 않았을

것 같군요. 피고는 이런 점을 참작해서 원고의 잘못을 해고 이

외의 방법으로 처벌하시는 편이 좋겠습니다. 원고 측은 이번

사건을 계기로 수학에 대해 좀 더 알아두세요. 이상입니다.

재판이 끝난 후, 모든 기자들을 해고하려 했던 사장은 그 처분

을 취소했다. 대신 수학에 약했던 기자들에게 과학공화국의 최강

대학에서 강의하는 수학 상식 연수프로그램을 의무적으로 수강할

것을 약속받았다. 그 후 기자들은 대진표를 만들 때 실수 따위는

하지 않았다.

 조합

전체에서 몇 개를 뽑기만 할 때 가능한 서로 다른 경우의 수를 조합이라고 부른다. 예를 들어 4개에

서 2개를 서로 다르게 뽑는 조합은 $_4C_2 = \dfrac{4 \times 3}{2 \times 1}$ 이다.

개구리 깡충 뛰기 게임

매번 1등을 하는 올커버씨는 아무도 풀지 못한 개구리 퍼즐까지 풀 수 있을까요?

"네, 제 7회 전국 테트리스 경연대회 1등은 3관 왕인 올커버 씨입니다."

진행자는 감격스러운 목소리로 테트리스 경연대 회 1등을 거머쥔 올커버 씨를 소개했다. 그에 비해 그렇게 기쁘지는 않은 듯이 올커버 씨가 1이 적혀있는 가장 높은 단상위로 올라 갔다. 저번에도 1등을 했기 때문에 이번에는 그렇게 감격스럽지 않은 눈치였다.

"지금 테트리스 3관왕을 한 올커버 씨가 상금과 트로피를 받고 있습니다!"

진행자는 여전히 감격에 찬 목소리로 시상 내용을 전하고 있었다. 올커버 씨는 트로피와 상금을 받고서는 예의상 앞에 있는 관객들을 향해 트로피를 흔들었다. 관객석의 사람들이 다 같이 환호했다.

"소감 한 말씀 부탁합니다."

"이번에도 1등을 하게 되어서 정말 기쁩니다. 앞으로 여러 게임에서 좋은 모습 보여드리겠습니다. 테트리스뿐만 아니라 모든 컴퓨터게임에서 두각을 드러내는 게이머 올커버가 되겠습니다!"

올커버 씨는 대회가 시작하기 전에 미리 준비해 둔 수상소감을 말하고 내려왔다. 올커버 씨에게 1등은 당연한 것으로 그저 하루의 일과를 끝낸 느낌이 들 뿐이었다. 올커버 씨는 알아주는 게이머였다. 특히나 컴퓨터게임에는 천재적인 재능을 보이기 때문에 여러 게임 회사에서 올커버 씨에게 게임 테스트를 부탁하거나 컴퓨터를 기증하는 등의 일이 많았다.

"트로피를 채울 장식장을 하나 더 사야겠네."

거실 한쪽에 자리 잡은 장식장에 더 이상 트로피가 들어갈 곳이 없을 정도로 게임 우승 상장과 트로피가 많았다. 모두 올커버 씨의 게임 실력을 증명하는 것이었다. 그가 트로피를 선반 위에 두었을 때 그의 절친한 친구 인트로 씨에게서 전화가 왔다.

"이번에도 1등 했다며? 축하한다."

"고맙다. 테트리스쯤이야."

올커버 씨는 일부러 거만한 태도로 말하면서 친구 인트로 씨에게 장난쳤다. 인트로 씨가 올커버 씨에게 전화를 한 건 우승을 축하하기 위해서이기도 했지만 다른 일도 있었다.

"그런데, 지금 게임 할 수 있니?"

"게임? 무슨 게임 말이야?"

올커버 씨는 게임이라는 말에 귀가 솔깃했다.

"이번에 풀어봐 게임 회사에서 컴퓨터 퍼즐 게임을 새로 내놓았는데 많이 어려운가봐. 아직 그걸 푼 사람을 못 봤어. 그래서 너는 풀 수 있지 않을까 해서."

"그래? 그럼 내가 또 한번 풀어줘야지. 게임 CD 지금 가져다 줄 수 있니?"

올커버 씨는 아까 1등할 때 보다 더 설레는 얼굴이었다. 남들이 성공하지 못한 게임을 혼자 풀었을 때의 기분은 정말 말로 표현하지 못 할 정도로 좋기 때문이다. 친구인 인트로 씨가 CD를 들고 집에 올 때까지 올커버 씨는 어떤 게임일까 기대하며 계속 방안을 돌아다녔다. 그때 인트로 씨가 뛰어왔는지 거친 숨을 몰아쉬며 현관을 들어섰다.

"올커버! 이 게임이야."

올커버 씨는 인트로 씨에게 잠시 앉아 쉬라는 말을 하고서는 당장 컴퓨터를 켜서 CD를 실행시켰다. CD돌아가는 시간이 올커버 씨에게는 길게만 느껴졌다. 드디어 프로그램이 실행되었다. 처음에는 개구리 그림과 함께 개구리 퍼즐이라는 글자가 떴다. 올커버 씨는 바로 게임방법을 클릭했다. 게임방법이 적힌 글이 뜨면서 아름다운 목소리의 여자가 글자를 읽었다.

" 다음과 같이 일곱 개의 칸에 파란 개구리와 빨간 개구리가 세 마리씩 마주보고 있는데 개구리는 한번에 한 마리만 움직일 수 있습니다. 단 빈 상자 안으로 뛰거나 상대방 개구리를 한 마리만 뛰어넘어 빈 상자 안으로 뛰는 것 중 한 가지는 허용됩니다. 물론 되돌아오지는 못하며 빨간 개구리는 왼쪽으로, 파란 개구리는 오른쪽으로만 나갈 수 있습니다. 규칙에 맞게 움직여서 빨간 개구리는 왼쪽에 파란 개구리는 오른쪽으로 가도록 개구리 퍼즐을 풀어보세요."

파	파	파		빨	빨	빨

올커버 씨는 날카로운 눈빛으로 게임방법을 이해할 때까지 몇 번 읽고서 게임에 돌입했다.

"제법 어려운 게임이야. 물론 너는 풀겠지만 말이야."

뒤에 앉아 쉬고 있던 인트로 씨가 게임을 시작하는 올커버 씨를 보고 말했다. 하지만 올커버 씨는 이미 게임에 집중하는 중이었기 때문에 인트로 씨의 말은 들리지 않은 듯 했다. 어느새 1시간이 지났다. 하지만 여전히 올커버 씨는 퍼즐게임을 풀지 못하고 있었다.

"올커버, 아직 못 푼거야?"

여전히 집중을 했는지 뒤에서 말하는 인트로 씨의 말을 듣지 못한 채 계속 모니터에 눈을 고정했다. 생각보다 잘 풀리지 않아서인지 올커버 씨의 얼굴 빛이 좋지 않았다. 그렇게 몇 시간이 지나고, 올커버 씨는 아무것도 먹지 않고 화장실도 가지 않은 채 계속 컴퓨터 앞에 있었다. 그러던 중 올커버 씨가 기지개를 켰다.

"풀었어?"

올커버 씨가 움직임을 보이자 인트로 씨는 기뻐하며 물었다. 하지만 올커버 씨는 속상하다는 얼굴로 고개만 내저었다.

"아니, 몇 시간이나 매달렸는데 좀처럼 풀리지 않아."

"그래? 네가 못 풀 정도면 아주 어려운가 본데?"

덩달아 인트로 씨도 힘이 풀렸다. 이 퍼즐을 풀 수 있으리라는 희망을 가지고 왔는데 올커버 씨마저 풀 수 없다면 이 퍼즐은 누구에게도 풀리지 않을 거라는 생각이었다.

"이건 어려운 게 아니라. 분명히 답이 없는 거야!"

"뭐? 애초에 답이 없는 거라고?"

"그래, 정말 아무리 풀어봐도 풀 수가 없는 걸! 도대체 이 퍼즐이 원래 풀리는 퍼즐인거야?"

"그건 그래. 네가 못 풀 정도면 어딘가 문제가 있긴 있는 거야!"

결국 올커버 씨는 원래 답이 없는 퍼즐이라는 결론을 내렸다.

모든 게임에서 한번도 져본 적이 없는 올커버 씨는 이 퍼즐은 답이 없기 때문에 풀 수 없다고 생각했다. 그래서 올커버 씨는 풀어봐 게임회사를 수학법정에 고소했다.

파란 개구리를 B, 빨간 개구리를 R이라고 하고
빈칸을 □로 두고 풀어봅니다.

개구리 게임은 풀 수 있을까요?
수학법정에서 알아봅시다.

재판을 시작하겠습니다. 원고 측 변론하
십시오.

원고는 우리나라에서 게임의 1인자라고
불려도 아깝지 않을 만큼 게임에 대해서라면 뭐든 잘 아는 사
람입니다. 그만큼 머리도 굉장히 좋지요. 그런데 원고가 몇
시간이나 문제를 풀어보았지만, 답이 나오지 않았습니다. 분
명 답이 없는 문제입니다.

단지 원고가 풀지 못했다는 이유로 답이 없는 문제라고 하는
건 지나친 비약 아닐까요?

지금 원고를 무시하시는 겁니까?

그런 문제가 아닙니다. 그러다 답이 있는 문제라는 것이 밝혀
지면…

절대 그럴 수 없습니다! 답이 없는 문제라니까요? 답이 없는
문제를 만든 게임회사의 잘못입니다.

네, 원고 측 의견 잘 알았습니다. 피고, 정말 답이 없는 문제
입니까?

아닙니다. 답이 없는 문제를 시중에 판매하는 게임으로 만들

이유가 없지 않습니다.

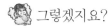 그렇겠지요?

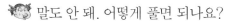 말도 안 돼. 어떻게 풀면 되나요?

지금부터 설명해 드리겠습니다. 설명은 게임을 만든 게임회사 측에서 직접 해 주시겠습니다.

정장차림을 한 젊은 남자가 증인석으로 나왔다.

증인은 무슨 일을 하십니까?

게임회사 개발팀에 근무하고 있습니다.

이 사건의 문제인 게임을 만든 장본인이라는데 맞습니까?

그렇습니다.

그렇다면 이 게임을 어떻게 풀어야 하는 지 아시겠군요?

물론입니다. 15번만 조작하면 됩니다.

어떻게 풀어야 답이 나오는 지 설명해 주세요.

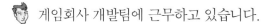 파란 개구리를 B, 빨간 개구리를 R이라고 하고 빈칸을 □로 두면 처음 상태는 다음과 같습니다.

BBB□RRR

이제 15단계를 거쳐 문제를 해결해보겠습니다.

(1단계) BB☐BRRR

(2단계) BBRB☐RR

(3단계) BBRBR☐R

(4단계) BBR☐RBR

(5단계) B☐RBRBR

(6단계) ☐BRBRBR

(7단계) RB☐BRBR

(8단계) RBRB☐BR

(9단계) RBRBRB☐

(10단계) RBRBR☐B

(11단계) RBR☐RBB

(12단계) R☐RBRBB

(13단계) RR☐BRBB

(14단계) RRRB☐BB

(15단계) RRR☐BBB

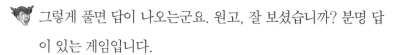 그렇게 풀면 답이 나오는군요. 원고, 잘 보셨습니까? 분명 답
이 있는 게임입니다.

그렇군요. 분명 답이 있는 문제였습니다. 풀지 못했기 때문에
답이 없다고 생각한 원고는 자신을 너무 과대평가한 것 같군

요. 조금 겸손해지는 게 좋을 것 같습니다.

재판이 끝난 후, 올커버 씨는 그동안 자만했던 자신을 반성하게 되었다. 사건 이후 많은 것을 느끼게 된 올커버 씨는 게임 대회에 참가해 트로피만 받을 게 아니라 뭔가 자기계발에 도움이 되는 일을 해야겠다고 생각했다. 그래서 얼마 전부터는 직접 게임을 만드는 일에 관심을 갖고 열심히 연구하고 있다.

 가드너

가드너는 미국의 대중 과학잡지 〈SCIENTIFIC American〉에 25년이나 수학퍼즐에 대한 글을 연재했다. 그는 단순한 오락이던 퍼즐을 수학자들이 연구하는 분야로 만드는 데 기여했다.

세 부부의 생존법칙

질투 많은 남편들이 안심하고 섬을 빠져 나오려면 어떤 방법을 써야할까요?

　　　　　대학시절 같은 동아리에서 활동을 하던 6명의 남녀가 서로 사랑에 빠지게 되어 3쌍의 커플이 만들어졌고, 이들은 결혼까지 하게 되어 예전의 우정을 다지는 의미로 결혼 후에도 계속 동아리로 모이며 만남을 이어가고 있었다. 이들은 가끔 주말을 이용하여 이곳저곳을 여행하는 것을 즐겼는데, 이번 여름휴가에도 모두 같은 날짜에 휴가를 받아 멀리 강 건너 섬으로 여행을 가게 되었다.

　　"자～ 여러분 드디어 섬에 도착 했습니다～ 이번 휴가도 즐겁고 편안한 시간 보내고 돌아갑시다."

"와~ 벌써 섬에 도착한 거야? 보트를 타고 오니까 빠르긴 빠르다. 와~ 너무 멋있어~"

"강물 색 좀 봐! 어쩜 이렇게 깨끗할 수가 있어"

"내가 이 섬을 찾느라 얼마나 많은 공을 들였는데! 자네들 나한테 고마운 줄 알라고!"

"여긴 보통 사람들은 잘 모르는 무인도란 말이지!"

"이곳이 무인도였어요? 우리나라에도 무인도가 있는 거야?"

"몰라서 그렇지 찾아보니 꽤 있긴 있더라고. 암튼 그 중에서도 이곳은 전혀 오염되지 않은 정말 깨끗한 섬이라고!"

"와~ 이렇게 좋은 곳에 데리고 와줘서 정말 고마워요! 즐겁게 놀다 가자고요!"

"어! 그런데 배가 왜 돌아가는 거예요? 우린 나중에 어떻게 돌아가라고?"

"선장이 그러는데 반대편 선착장에 가면 보트 한 대가 있다고 그걸 이용해서 우리가 나가고 싶을 때 언제든지 나오라고 하더라고. 저 배는 또 다른 손님들을 태우러 가야하는데 마냥 우릴 기다리고 있을 수는 없잖아"

"뭐 어쨌든 재밌게 놀아 보자구! 이게 얼마 만에 보내는 휴가야! 우리 회사 사장 때문에 요즘 스트레스가 너무 많이 쌓였었어! 오늘 실컷 놀면서 스트레스 해소 좀 해야지."

"그래! 그러자고. 나도 요즘 회사일 때문에 스트레스를 많이 받

앉는데 오늘 화끈하게 다 풀고 가야겠어!"

"그럼 저희 부부가 식사당번을 맡을게요. 섬 구경들 하고 오세요."

얼마 후 섬구경을 마치고 돌아온 커플들은 저녁을 먹기 전 기념사진을 찍기로 하였다.

"우리 우선 사진부터 한번 찍고 밥을 먹도록 합시다!"

"그럴까? 그럼 내가 먼저 찍어 줄 테니까 다 모여 서봐"

그렇게 사진을 찍기 위해 자리를 잡은 다섯 명의 사람들이 포즈를 잡고 있는데, 정작 사진을 찍기로 한 사람이 셔터를 누르지 못하고 있었다. 그 이유는 자신의 아내가 다른 부부의 남자 쪽에 서 있는 걸 보고 질투하고 있었기 때문이다.

"여보 당신은 이쪽 앞으로 와서 찍으라고!"

"왜요~ 아무데나 서서 찍으면 어때요! 어서 찍기나 하세요."

"거참, 잔말 말고 앞으로 와서 서라니까!"

"에이~ 자네 왜 그러나, 그냥 찍으면 되지. 사진만 찍는데 뭐 어떤가."

"그럼 자네 부인 같아도 이해되겠나?"

"글쎄, 뭐……. 사진인데……"

부인들에게는 이런 모습이 오히려 익숙했다. 대학 때부터 보수적이기로 유명했던 남학생들이었기 때문이다. 여자 친구가 다른 남자와 이야기하는 것조차도 질투해서 자주 다툴 정도로 세 친구 모두 질투심이 강했다. 그래서 그들은 그런 이야기를 하며 공감대가 형성되었고 예전보다 더 똘똘 뭉쳐서 친한 친구가 될 수 있었다. 사진 한 장을 찍기 위해 몇 십분을 소요한 끝에 남편의 바람대로 앞으로 와서야 사진 한 장을 겨우 찍을 수 있었다.

"내가 남편 때문에 못살겠어. 어디 가지를 못하겠다니까. 어쩜 저렇게 보수적이니?"

"야야, 말도 마. 우리 남편도 아까는 안 그런 척 했지만 너희 남편보다 더 심해. 바람피우는 것도 아닌데 왜 저렇게 호들갑을 피우는 거야? 창피해서 정말"

"그러게 말이야. 그땐 우리가 눈에 콩깍지가 씌었던 가 봐. 뭐가 좋아서 결혼한 거지?"

"에이~ 그래도 미우나 고우나 우리 남편들인데 이런 말 한들 무슨 소용 있겠어? 안 그래?"

"그러게, 그냥 이해하고 넘어가자고. 얼른 가서 놀자!"

반나절을 그렇게 섬 곳곳을 돌아다니며 구경을 하고 강에서 수영도 하며 즐거운 시간을 보냈고, 해질녘이 되어 집에 돌아가려고 짐을 챙기기 시작했다.

"자, 이제 해도 지는데 얼른 돌아가자고. 아까 점심 먹고 나서 아무것도 못 먹었더니 출출한데. 육지로 들어가서 저녁은 내가 쏘겠네! 이번에 보너스 받은 걸로 거하게 쏠 테니 기대들 하라고, 허허허"

"그래요~ 얼른 돌아갑시다. 배는 반대편 선착장에 있다고 했죠?"

"그래그래, 얼른 가보자구! 우리가 타고 왔던 모터보트가 아니라 노를 저어서 가는 보트랬어! 해가 져버리면 어두워서 찾아가기 힘드니까 해지기 전에 얼른 돌아가야 한다고! 서둘러야 할 것 같아!"

반대편 선착장에 도착한 세 쌍의 부부는 배를 보고 깜짝 놀랐다. 당연히 6명이 한번에 탈 수 있는 크기의 배인 줄 알았는데 고작 두 명만이 탈수 있는 2인승 소형보트였기 때문이다.

"어머! 배가 왜 이렇게 작아? 여섯 명이 다 못타고 가겠는데?"

"그러게. 어! 여기 2인승이라고 적혀 있어! 또 주의할 점에 두 명 이상이 타면 배가 가라앉는다고 적혀 있는데?"

"그럼 어떻게 가야 하는 거야?"

"아! 우선 두 명이 타고 가서 한 명이 다시 돌아와서 다른 한 명을 태워서 가는 방법을 사용할 수밖에 없을 것 같은데?"

"그럼 먼저 누가 출발해야 하는 거죠? 그리고 누가 돌아올 거예요?"

"내가 노를 잘 저으니까 일단 내가 왔다 갔다 하면서 몇 명을 태워 보내는 게 낫지 않을까?"

"자네가 왔다 갔다 하면 내 부인도 자네가 태워 간다는 거야? 그렇게는 안 되지"

"그럼 자네가 할 텐가? 그럼 내 부인을 자네가 태워야 하잖아! 그럴 수는 없어"

"그건 나도 마찬가지야. 나 말고 다른 사람이랑 타고 가는 거 원치 않아!"

"그럼 어떡해요! 우리가 다른 남자들과 배를 탈 수 없으면 그렇지 않고 둘이 타고 갈 수 있는 방법을 얼른 생각해봐야죠! 해가 져 가고 있다고요! 어서 돌아가야 해요!"

결국 세 쌍의 커플은 이렇게 옥신각신하다가 문제를 해결하지 못해 하루 동안 아무것도 못 먹고 섬에 갇혀 있다가 다음 날 구조되었다. 섬에서 돌아온 후 아내들은 남자들이 배를 타고 탈출하는 방법을 못 찾아냈기 때문이라며 남편들의 수학 재교육을 수학법정에 의뢰했다.

세 부부의 남자를 A, B, C 각각의 아내를 a, b, c 라고
간단히 하고 따져봅니다.

세 쌍의 커플들이 섬을
빠져 나올 방법이 있을까요?
수학법정에서 알아봅시다.

재판을 시작합니다. 이번 사건은 꽤 재미
있는 사건이군요. 아내들은 자신의 남편
이 없을 때 남편 이외의 남자와는 함께 있
을 수 없고, 배는 두 사람만이 탈 수 있는 상황이네요. 수치
변호사, 배가 강을 몇 번 건너야 세 커플이 모두 육지로 나올
수 있을까요?

까다롭네요. 그냥 타고 나오면 될 텐데, 꼭 남편과 함께 있어
야한다니요. 한 10번 정도 왕복하면 되지 않을까요?

수치 변호사께서는 정확하게는 모르시겠다는 말이지요?

뭐…… 한 10번만 왕복하면 될 거예요.

수치 변호사를 믿은 제 잘못인 거 같네요. 매쓰 변호사, 어떻
게 하면 될까요?

좀 번거롭기는 하지만 강을 11번 건너면 모두 각자의 짝을
맞춰 육지로 도착할 수 있겠네요.

11번이요?

제 생각이랑 비슷하네요. 한 10번만 건너면 된다니까요.

수치 변호사는 조용히 하세요. 어떻게 11번을 건너면 모두

섬에서 나올 수 있을까요?

이건 간단한 문제입니다.

어떻게 해결하죠?

일단 세 부부의 남자를 A, B, C라고 하고 각각의 아내를 a,

b, c 라고 해보죠. 그럼 다음과 같이 이동하면 됩니다.

	섬	배	육지
1	ABCc	a b →	
2	ABCc	← b	a
3	ABC	c b →	a
4	ABC	← a	bc
5	Aa	BC →	bc
6	Aa	← Bb	Cc
7	a b	AB →	Cc
8	a b	← c	ABC
9	a	bc →	ABC
10	a	← A	BbCc
11		Aa →	BbCc

그렇군요. 그렇게 하면 11번 만에 모두가 섬을 빠져나올 수

있겠군요. 그래도 서로 믿고 아무나 둘이서 타고 나가는 방법

이 가장 좋은 방법이겠지요. 몇 년이나 함께 동아리 활동을

해 왔는데 서로를 믿지 못하다니. 그럼 남편들은 수학 재교육

과 동시에 열린 마음을 위한 교육도 함께 받도록 하세요.

재판이 끝난 후, 세 명의 남편은 수학 재교육과 열린 남편 모임의 교육을 받고 보수적인 성향에서 개방적인 성향으로 변하게 되었다.

 듀드니

듀드니는 수학퍼즐 연구자로 스핑크스라는 필명으로 〈 The Strand Magazine 〉이란 잡지에 각종 수학퍼즐을 연재했다. 이 잡지는 셜록홈즈 시리즈가 실린 걸로 유명한 잡지인데 듀드니는 특히 복면산이라는 퍼즐을 최초로 만들었다.

그렇게 선택하면
계속 34로,
40이 결코 넘지
못할 거라고.

언제나 합이 34라고?

정체불명의 남자가 번번이 이길 수 있었던 이유는 무엇일까요?

사건속으로

"우리 카지노에서 좀 더 새로운 프로그램을 개발
해야 할 것 같군. 특히 VIP손님들이 특별한 게임을
즐기고 싶어 하시네. 좋은 생각 있나?"

"카지노 직원들과 임원진들이 모여 새로운 게임에 대한 아이디
어를 한번 짜보겠습니다. 일주일의 시간을 주십시오."

3년 전 입사한 이확률 씨는 올해 벌써 이사의 자리까지 올라갔다.
대학을 우수한 성적으로 졸업하고 이곳에 스카우트 되어온 인재였
던 이확률 씨는 입사직후 카지노 운영과 게임에 대한 새로운 아이디
어를 제안하면서 카지노의 매출을 300%나 상승시켰다.

그 이후로 카지노의 사장은 문제가 생길 때면 항상 이확률 씨와 상의를 하였고 그 때문에 이확률 씨는 초고속 승진과 함께 항상 최고의 아이디어를 만들어 내야한다는 압박감에 시달리고 있었다.

"큰일이군. 사장님께 일주일이라고 말을 해버렸는데 어떻게 한다지? 새로운 게임에 대한 아이디어를 어서 떠올려야 하는데……."

밤낮없이 고민을 하였지만 별 다른 소득을 얻지 못한 이확률 씨는 새로운 게임에 대한 아이디어를 공모전에 붙였다. 엄청난 상금을 내걸었고, 제안한 아이디어가 카지노에서 실제로 쓰일 경우 꽤 괜찮은 연봉의 카지노 직원으로 스카우트하겠다는 부상까지 덧붙였다.

"자네, 새로운 게임 아이디어를 구한다는 공모전을 내걸었더군. 자네의 아이디어를 기대했는데. 좀 아쉽구면."

"그 정도의 상금에 부상이면 엄청나게 많은 사람들의 관심을 끌 수 있을 겁니다. 무엇보다도 이 기회를 통해 저희 카지노에 대한 이미지를 좀 더 건전하고 건강하게 만들 수 있을 것이라고 생각했습니다."

"역시 이 이사다운 생각이군."

하지만 사장실에서 나온 이확률 씨는 조금 전 당당한 모습과는 달리 한숨 돌리며 안도하는 모습이었다.

'휴. 도저히 생각이 안나서 아이디어 개발을 공모전에 붙였다는 이야기를 들으시면 분명 실망하셨을 텐데, 정말 다행이야. 제발 공모전에서 좋은 아이디어가 나왔으면 좋겠군. 사장님 앞에서 그렇게 큰 소리를 쳤는데, 결국 아무것도 못하면 이제까지 쌓아놓은 나의 이미지가 뭐가 되겠어. "

그렇게 사무실로 돌아가던 이확률 씨에게 어떤 남자가 다가와 말을 걸었다.

"이 이사님 되시죠? 전 카지노에서 사용될 새로운 게임에 대한 아이디어가 있습니다."

"아이디어에 대한 것이라면 저희가 지금 진행하고 있는 공모전을 통해 응모해……."

"굳이 공모전까지 응모하고 돌아갈 필요가 없을 것 같아서 이렇게 찾아왔습니다. 공모전에 응모한다고 해도 제가 1등을 할 것이 당연하기 때문에……."

이 이사는 처음 보는 남자의 거만한 태도에 조금 기분이 상했지만, 그 남자가 그렇게 행동하는 데는 이유가 있을 것이라는 생각이 들어 일단은 그 남자의 이야기를 들어 보기로 했다.

"제가 손님들에게 일정한 명령을 내릴 겁니다. 그리고 제가 시작 전 게임을 예상하게 되고 그것이 틀리는지를 확인하는 겁니다. 단순한 게임방식이지만, 제가 맞추지 못하게 된다면 건 돈의 10배를 지급하게 됩니다. 큰돈을 거는 VIP손님들에게는 안성맞춤인 게임이라고 생각합니다."

"글쎄요. 그렇게 이야기만 들어서는 저희 쪽에서 어떻게 해드릴 수가……."

"오늘 VIP손님들이 게임을 위해 모인다고 들었습니다. 제 게임을 한번 해보는 것은 어떨까요? 손님들은 이기게 되면 10배의 돈을 따실 수 있는 기회이고, 카지노에서는 새로운 게임을 시범 실행해 볼 수 있는 좋은 기회라고 생각됩니다만."

이 이사는 그 남자의 제안이 그다지 나쁘지 않다고 여기고 수락하였다. 그리고 게임을 하기 위한 방을 마련하고 그가 필요하다는 준비들을 하나씩 진행해 나갔다.

"오늘은 저희 카지노에서 조금 색다른 게임을 준비하였습니다. 본 게임에 들어가기 전 몸 풀기 정도로 생각하시고 즐겨주시기 바랍니다."

"이 이사가 추천한 게임이라, 왠지 기대되는 구만."

남자는 손님들에게 숫자가 적힌 표를 나눠주었다.

1	2	3	4
5	6	7	8
9	10	11	12
13	14	15	16

"오늘 게임을 진행할 진행자입니다. 오늘의 게임은 이렇습니다. 제가 드리는 명령을 실행하시고 제가 마지막으로 여러분의 표에 남아있는 숫자의 합이 40이상이면 여러분은 거신 돈의 10배를 받

게 됩니다."

"10배? 거참, 대단한 게임이구만."

손님들은 손쉽게 10배를 돈을 딸 수 있다는 생각에 많은 돈을 게임에 걸었고 남자는 드디어 게임을 시작하기 시작했다.

"표에 있는 숫자 중 하나를 골라 동그라미를 치시고, 그 숫자의 가로줄과 세로줄에 있는 모든 숫자를 X표로 만들어주세요."

"다시 동그라미를 치지 않은 숫자들 중 하나를 선택하고 그 숫자가 포함된 가로줄과 세로줄을 모두 X로 만들어 주시고, 이런 방법으로 4개의 동그라미를 만들 때까지 동작을 반복해 주십시오. 그리고 이제 남은 숫자의 합을 더해주십시오."

"아니, 40을 못 넘네. 아, 아깝네. 이거 10배를 벌 수 있는 기회였는데."

손님들은 안타까운 마음에 더 많은 돈을 걸었고 게임은 끝날 줄 모르고 계속 되었다. 하지만 그때마다 번번이 이기는 쪽은 손님들이 아닌 정체불명의 남자였다. 손님들의 괜찮은 반응에 기분이 들떠 있던 이확률 씨도 점점 돈을 잃는 손님들 때문에 신경이 쓰이기 시작했다. 하지만 더욱더 이상한 건 남은 숫자의 합이 꼭 34였다는 것이었다.

"이 이사, 이거 뭔가 있는거 아냐? 저 남자랑 짜고서 우리 돈 따는 거 아니냔 말이야!"

설명할 수 없는 게임 결과에 손님들은 이 이사에게 따지기 시작

했고, 그 사이 정체불명의 남자는 자신이 딴 돈을 가지고 어디론
가 사라졌다. 자신이 사기를 당했다고 생각한 이 이사는 도저히
알길 없는 게임의 진실을 알고 싶어 수학법정에 정체불명의 남자
를 고소했다.

게임의 규칙대로 네 개의 수를 택하면 네 수의 합은 항상 34입니다.

여기는 수학법정

왜 카드 숫자의 합이 34만 될까요?
수학법정에서 알아봅시다.

 재판을 시작합니다. 피고 측 변론하세요.

원고는 카지노에 새로운 게임을 들여놓기
위해 아이디어를 공모했습니다. 그런데
어디선가 한 남자가 나타나서 자신이 한 명령대로 게임을 진
행한 후, 마지막에 남는 숫자가 40이 넘으면 건 돈의 10배를
주겠다고 했습니다. 그에 따라 원고는 그 게임을 VIP손님들
에게만 진행을 했는데, 단 한번도 손님들이 게임에 이길 수
가 없었지요. 어차피 원고는 이기는 게임을 만들 생각 아니
었나요? 그렇다면 이렇게 무조건 40보다 작은 수가 나오는
카드를 만든 피고에게 표창을 해야지요.

 매쓰 변호사도 그렇게 생각하십니까?

원고가 말하기를 게임 마지막에 남는 수를 더했을 때 모두
34가 나왔다고 했습니다. 이것은 무언가 원리가 있는 게임이
라는 것이지요.

 제 생각도 그렇습니다. 그 원리가 무엇일까요?

 그건 저도 잘, 그래서 그 원리를 알아보기 위해 수학박사이
신 매쓰매틱스 박사님을 증인으로 요청합니다.

검은 정장에 넥타이를 깔끔하게 맨 40대 남성이 증
인석으로 나왔다.

 증인, 원고가 사기를 당했다고 생각한 그 게임의 원리는 뭐죠?

 카드를 다시 보죠.

1	2	3	4
5	6	7	8
9	10	11	12
13	14	15	16

예를 들어 규칙대로 해보죠. 맨 첫줄에서 2를 택하면 다음과
같이 붉은 색을 친 수들이 지워집니다.

1	2	3	4
5	6	7	8
9	10	11	12
13	14	15	16

여기서 2는 첫줄의 첫 번째 수보다 1큰 수입니다. 이제 두 번
째 줄에서 7을 택하면 다음과 같이 됩니다.

1	2	3	4
5	6	7	8
9	10	11	12
13	14	15	16

이때 7은 두 번째 줄의 두 번째 수 보다 1이 큰 수입니다. 이
제 세 번째 줄에서 택할 수 있는 수는 9또는 12입니다. 만일 9
를 택하면 네 번째줄에서는 16을 택하게 되는 데 9는 세 번째

줄의 세 번째 수보다 2작은 수이고 16은 네 번째줄의 네 번째

수가 됩니다. 이때 선택된 네 수의 합은

$2 + 7 + 9 + 16$

= (첫 번째 줄의 첫 번째수) + 1

+ (두 번째 줄의 두 번째수) + 1

+ (세 번째 줄의 세 번째수) − 2

+ (네 번째 줄의 네 번째수)

가 되어 대각선에 있는 수들의 합인 $1 + 6 + 11 + 16 = 34$

가 됩니다.

그러므로 이 규칙대로 카드에서 네 개의 수를 택하면 네 수의

합은 항상 34가 됩니다.

 그렇군요. 판사님 판결 부탁드립니다.

 게임이란 공정해야합니다. 이길 때도 있고 질 때도 있어야지

항상 지기만 한다면 그건 게임이 아니지요. 그러므로 원고의

주장대로 피고가 사기 게임을 만든 것으로 판결합니다.

재판이 끝난 후 경찰은 사기를 친 정체불명의 사나이를 체포했

다. 그는 전국의 게임회사를 돌아다니면서 사기를 치고 있었다.

 게임이론

어떤 그룹에서 어떤 행동의 결과가 게임에 참가한 한 사람의 행동에 의해서만 결정되는 것이 아니
고, 게임에 참가한 다른 사람들의 행동에 의해서도 결정되는 경우에 최대의 이익을 얻을 수 있는 방
법을 알려주는 이론을 게임이론이라고 부른다.

수학성적 끌어올리기

아주 간단한 퍼즐

다음과 같은 식을 봅시다.

$1 + 9 + 1 + 9 + 1$

이 식에 다른 수를 넣지 말고 어떻게 하면 결과를 15가 되게 할 수 있을까요? 그것은 간단합니다. 책을 거꾸로 돌려 보면 결과는 15가 됩니다.

사과 도둑

어떤 사람이 과수원에서 사과를 훔쳤는데 과수원에는 7개의 문이 있고 하나의 문을 통과할 때마다 자신이 가진 사과의 수에 1을 더한 수의 반을 문지기에게 주고 문을 통과했다고 합시다. 도둑이 문을 모두 통과한 후 도둑의 손에 사과가 1개였다면 도둑이 훔친 사과는 몇 개였을까요?

이런 문제는 처음 도둑이 훔친 사과를 □라고 두고 해결할 수도 있지만 거꾸로 추적하는 방법을 쓰면 더 쉽게 결정됩니다. 7번째 문을 통과한 후 1개가 남았으므로 도둑이 7번째 문의 문지기에 준 사과는 2개입니다. 그러므로 여섯 번째 문을 통과한 후 도둑이 가지고 있던 사과는 3개죠. 그러므로 여섯 번째 문지기에게는 사과를 4개 준 셈이 되고 그러므로 다섯 번째 문을 통과한 후 도둑이 가지고 있던 사과는 7개입니다. 이런 식으로 거꾸로 추적해 나가면 네 번째 문을 통과한 후 가진 사과의 수는 15개, 세 번째 문을 통과한 후에는 31개, 두 번째 문을 통과한 후 가진 사과는 63개, 첫 번째 문을 통과한 후 가진 사과는 127개이므로 도둑이 훔친 사과는 255개입니다.

수학성적 끌어올리기

재미있는 연산퍼즐

같은 수를 여러 번 사용하여 사칙연산을 통해 0부터 10까지의 수를 모두 만들 수 있는 재미있는 수게임이 있습니다. 예를 들어, 3을 네 개 사용하여 0부터 10까지의 모든 수를 만들 수 있을까요? 물론 가능합니다. 다음과 같이 해봐요.

$$3 - 3 + 3 - 3 = 0$$
$$3 \div 3 + 3 - 3 = 1$$
$$3 \div 3 + 3 \div 3 = 2$$
$$(3+3+3) \div 3 = 3$$
$$(3+3\times3) \div 3 = 4$$
$$3 + (3+3) \div 3 = 5$$
$$3 + 3 - 3 + 3 = 6$$
$$3 \div 3 + 3 + 3 = 7$$
$$3 \times 3 - 3 \div 3 = 8$$
$$3 + 3 \times 3 - 3 = 9$$
$$3 \times 3 + 3 \div 3 = 10$$

암호이야기

시이저 암호는 실제로 시이저가 브루투스에게 암살될 때 사용되던 암호입니다. 이 암호는 영어의 알파벳에서 세 개의 철자씩 뒤로 물려서 쓰며 만듭니다. 즉 원래 문장의 A는 암호문의 D가 되고 B는 E가 되고 C는 F가 되는 식이죠. 예를 들어 다음 암호문을 보죠.

'넌 바보야' 라고 쓴지 모르겠지, 크크

QHYHUWUXVWEUXWXV

Q는 세칸 앞의 철자인 N이 되고 H는 E가 되는 식이니까 이 암호문을 풀면

NEVERTRUSTBRUTUS

가 되고 띄어쓰기를 하면

NEVER TRUST BRUTUS

가 되어 '브루투스를 믿지 마세요.' 라는 뜻이 됩니다.

또 다른 암호문을 보죠.

HTDAOUYRWPOESIU!

이 글자들을 정사각형으로 배열하면

```
H  T  D  A
O  U  Y  R
W  P  O  E
S  I  U  !
```

가 되는데 이것을 세로방향으로 읽어 내려가면

HOWSTUPIDYOUARE!

가 되고 이를 제대로 쓰면

HOW STUPID YOU ARE!

'넌 참 어리석군!' 이 됩니다.

경우의 수 퍼즐과 관련된 사건

깃발 만들기

5개의 색깔로 80개의 깃발을 디자인 할 수 있을까요?

뒤죽박죽국은 개국 이래 안정을 찾아 본 일이 단한번도 없었다. 뒤죽박죽국은 모두 80개의 주로 이루어져 있었는데, 한 명의 통치자가 그 모든 주를 다스리기에는 한계가 있었기 때문이다.

"이제 우리나라도 다른 나라들처럼 평화와 안정을 찾아야 하지 않겠습니까?"

뒤죽박죽국의 엉망그르왕이 고위 관료들이 모인 자리에서 수심에 가득 찬 표정으로 말했다. 그것은 평소 고위 관료들이 가지고 있던 고민과도 같은 것이었다.

"그렇습니다, 폐하! 우리 뒤죽박죽국은 80개의 주로 나누어져 있다고 하나, 그 경계가 불분명하여 국민들 간의 불화와 다툼이 심각합니다."

고위 관료 중의 한 사람인 고관료 의원이 말했다.

"고관료 의원, 그렇다면 그 해결책은 없겠습니까?"

엉망그르왕이 고관료 의원을 바라보며 물었다.

"폐하! 80개의 주를 폐하 혼자 다스리는 데는 한계가 있는 것으로 보입니다. 80개의 주에 각각 통치자를 한 명씩 두시고, 그 통치자를 폐하께서 관리하는 것이 뒤죽박죽국을 다스리는 좀 더 효율적인 방법이 될 것으로 사료됩니다."

고관료 의원의 말을 들은 엉망그르왕은 잠시 고민에 빠졌다.

"음… 고관료 의원, 좋은 생각입니다. 지금 당장 뒤죽박죽국의 80개 주에 통치자를 한 명씩 배정하십시오."

엉망그르왕은 고관료 의원의 제안을 받아들여 80개의 주에 각각 한 명씩의 통치자를 배정하기로 했다.

그날 이후, 80개의 주에 한 명씩의 통치자가 배정된 뒤죽박죽국은 점차 안정을 찾아가는 듯 보였다.

"고관료 의원, 당신의 말대로 했더니 우리나라에도 평화가 찾아들고 있습니다."

엉망그르왕이 한층 밝아진 얼굴로 말했다.

"다행입니다, 폐하! 하하"

엉망그르왕의 밝은 얼굴을 본 고관료 의원의 얼굴에도 해바라기 같은 미소가 번졌다. 그런데 그때 80개 주 중 하나의 주를 통치하고 있는 김티격 씨, 박태격 씨가 엉망그르왕의 방으로 들어왔다.

"무슨 일입니까?"

서로 못 잡아먹어 안달인 김티격, 박태격 씨를 본 엉망그르왕이 물었다.

"폐하, 박태격 씨 주에서 거주하는 국민이 저희 주에 넘어와 과속을 했습니다!"

"폐하, 아닙니다. 저희 태격주의 국민은 티격주에서 시속 80km로 달렸습니다. 우리 주의 제한 속도는 90km이기 때문에 그는 과속한 것이 아닙니다!"

"그게 무슨 소립니까? 우리 주의 제한속도는 60km입니다. 로마에 가면 로마법을 따르라는 말도 있지 않습니까? 그는 우리 티격주로 넘어온 이상 시속 60km를 넘어선 안 되는 것이었습니다."

"태격주에서 80km로 달리던 차가 티격주로 넘어갔다고 해서 속도를 바로 60km로 늦출 순 없지 않습니까?"

"그러니까 미리미리 속도를 줄여 왔어야지요!"

두 사람은 한 발짝도 물러서지 않은 채 언성을 높였다.

다시 얼굴이 어두워진 엉망그르왕이 고관료 의원을 바라봤다. 엉망그르왕의 눈은 고관료 의원에게 해답을 달라고 애원하고 있었다.

"폐하, 이 같은 일은 예전과 마찬가지로 80개 주의 경계가 불분명해서 생기는 일입니다. 저에게 좋은 방책이 하나 있습니다."

고관료 의원은 자신이 가지고 있던 비장의 카드를 내어놓았다.

"그게 뭡니까?"

엉망그르왕이 자리를 박차고 일어났다.

"그것은 각 주의 경계에 각 주를 나타내는 깃발을 세우는 것입니다. 그렇게 하면 국민들의 혼란을 없앨 수 있을 것입니다. 다른 깃발이 나타나면 그때부터 다른 주임을 인식 할 수 있기 때문입니다. 자신이 다른 주로 넘어 온 것도 모른 채 이전에 있던 주의 법대로 행동하여 불이익을 당하는 일은 더 이상 일어나지 않을 것입니다."

"아, 그렇군요!"

고관료 의원의 말을 들은 엉망그르왕은 손뼉을 마주치며 기뻐했다.

"고관료 의원, 그러면 지금 당장 각 주를 나타내는 깃발을 만들도록 하세요."

다음날 고관료 의원은 깃발 디자인 업체를 공모했다. 그 조건은 다음과 같았다.

뒤죽박죽국에서 80개 주의 깃발을 디자인 할 업체를 공모합니다. 깃발은 세 칸으로 나누어져 있어야 하고 마주 닿은 면은 다른 색이 입혀져야 합니다. 그렇게 해서 만들어진 깃발은 80개 모두 다른 것이어야 하고 최소한의 색을 사용한 업체를 선정할 것입니다.

뒤죽박죽국의 공모를 본 디자인 업체들은 너도나도 그 공모에 참여하기 모여들었다. 디자인 업체는 이번 공모에서 선정되기만 한다면 많은 돈을 벌 수 있었다. 80개 주를 나타내는 모든 깃발을 자기 회사에서 독점적으로 생산하게 되기 때문이다.

디자인 업체들은 뒤죽박죽국에서 제시한 조건에 맞는 깃발을 만들기 위해 밤낮으로 고민했다.

공문이 내걸리고 며칠 뒤부터 디자인 업체들이 고관료 의원을 찾아오기 시작했다.

"의원님, 저희 회사에서는 240개의 색깔로 뒤죽박죽국의 깃발들을 디자인해 보았습니다."

제일 처음 고관료 의원을 찾아온 업체는 240개의 색깔로 뒤죽박죽국의 깃발들을 디자인해 왔다. 업체 관계자는 자신들이 디자인한 80개의 깃발을 고관료 의원 앞으로 내 놓았다. 240개의 색으로 꾸며진 깃발은 고관료 의원의 눈을 피로하게 만들었다. 고관료 의원은 얼굴을 찌푸리며 나가라는 시늉을 했다.

240개의 색으로 깃발을 꾸민 업체들이 수십 개 다녀가고, 120개의 색으로 깃발을 꾸민 업체가 나타났다. 그러나 120개라는 숫자도 고관료 의원의 마음에 들지 않았다. 그는 모든 업체를 되돌려 보냈다.

그리고 며칠 뒤 칼라 디자인이라는 업체에서 고관료 의원을 찾아왔다.

"의원님, 저희 칼라 디자인 회사에서는 20개의 색깔로 깃발을 디자인 해왔습니다. 보십시오."

칼라 디자인 회사의 사장 김알록 씨는 자신들이 디자인한 깃발을 고관료 의원 앞으로 내밀었다. 김알록 씨의 말대로 80개의 깃발들은 단 20개의 색깔로 꾸며져 있었다. 그것을 본 고관료 의원은 뛸 듯이 기뻐하며 김알록 씨 앞으로 나갔다.

"김알록 씨, 완벽합니다! 당신을 이번 공모 업체로 선정…"

"잠깐만요!"

고관료 의원이 칼라 디자인 회사를 공모 업체로 선정하려는 찰라 누군가 문을 박차고 뛰어 들어왔다.

"고 의원님! 저희 심플 디자인 회사에서는 단 5개의 색깔로 80개의 서로 다른 깃발을 디자인 했습니다!"

고관료 의원의 방으로 뛰어 들어온 사람은 심플 디자인 회사의 사장 나단순 씨였다.

"아니, 그게 정말입니까? 어디 한번 봅시다!"

고관료 의원이 김알록 씨에게서 몸을 돌려 나단순 씨에게로 걸어갔다.

"의원님, 아직 샘플은 만들지 못했습니다. 아직까지는 이론적인 상황입니다. 다음 주까지 깃발을 디자인해 오겠습니다."

나단순 씨는 깃발을 다음 주까지 디자인 해오겠다고 말했다. 잠시 고민에 빠진 고관료 의원은 곧 나단순 씨의 제안을 받아들였다.

"좋습니다. 그렇게 하시지요."

이렇게 해서 칼라 디자인 회사는 눈앞에서 공모 선정의 기회를 놓쳐 버렸다.

"이건 주최 측의 농간이야! 5개의 색으로 80개의 깃발을 디자인하는 건 불가능해!"

김알록 씨는 미친듯 소리치며 고관료 의원의 방을 빠져나갔다. 다음날, 그렇게 사라졌던 김알록 씨는 나단순 씨의 제안이 불가능한 것이라며 나단순 씨를 수학법정에 고소해 버렸다.

저희 회사에서는 240개의 색깔로 깃발을 만듭니다.

저희는 120개로 만들 수 있습니다.

전 단 5개의 색깔만 있으면 됩니다. 하~하~

5개 중에서 3개를 선택하는 경우와 2개를 선택하는 경우를 합하면 됩니다.

여기는 수학법정

5개의 색깔만으로 80개의
깃발을 만들 수 있을까요?
수학법정에서 알아봅시다.

🐑 재판을 시작합니다. 먼저 원고 측 변론하
세요.

🧑 뒤죽박죽국의 80개 주의 깃발은 세 칸으
로 나누어져 있어야 하고 마주 닿은 면은 다른 색이 입혀져야
합니다. 그렇게 해서 만들어진 깃발은 80개가 모두 다른 것이
어야 하지요. 그런데 이렇게 많은 깃발을 고작 5개의 색깔만
으로 만들 수 있다는 게 가능합니까? 말도 안 되는 소리죠?
틀림없이 중복되는 것이 생길 것입니다. 그렇죠? 판사님.

🐑 재판을 지켜보죠. 그럼 피고측 변론하세요.

🧑 깃발 조합연구소의 후날려 소장을 증인으로 요청합니다.

후리후리한 체격에 더벅머리의 사내가 증인석으로
들어왔다.

🧑 본론으로 들어갑시다. 다섯 개의 색깔로 80개의 서로 다른
깃발을 만들 수 있나요?

🧑 충분히 가능합니다.

 이유가 뭐죠?

 깃발은 세 칸으로 나뉘어져 있습니다. 그러므로 다섯 개의 색 중 세 개의 색으로 뽑아 칠할 수도 있고 두 개의 색만을 뽑아 만들 수 있습니다. 우선 쉬운 경우인 두 개를 뽑는 경우를 보죠. 다섯 개의 색 중 두 개의 색을 뽑은 경우의 수는 $_5C_2 = \frac{5 \times 4}{2 \times 1} = 10$가지입니다. 이렇게 두 색으로 깃발을 칠할 경우 이웃 칸이 다른 색이 되려면 맨 위 칸과 맨 아래 칸을 같은 색으로 칠하고 가운데 칸은 다른 색으로 칠해야 하지요. 예를 들어 빨강 노랑의 두 색으로 칠하는 경우 빨-노-빨 로 칠하는 방법과 노- 빨 -노 로 칠하는 방법의 두 가지가 있으므로 두 색으로 만들 수 있는 서로 다른 깃발은 $10 \times 2 = 20$가지입니다.

 세 가지 색으로 만들 때는 어떻게 되죠?

 다섯 개의 색 중 세 개의 색을 뽑은 경우의 수는 $_5C_3 = \frac{5 \times 4 \times 3}{3 \times 2 \times 1} = 10$가지입니다. 이렇게 세 가지 색으로 깃발을 칠하는 경우는 각각의 선택된 세가지 색에 대해 $3! = 6$가지가 있으므로 세가지 색으로 만들 수 있는 서로 다른 깃발은 $10 \times 6 = 60$가지입니다. 그러므로 여섯 개의 색깔로 만들 수 있는 서로 다른 깃발의 수는 $20 + 60 = 80$가지가 되지요.

 정말 놀랍군요. 이렇게 적은 수의 색으로 80가지의 깃발을 만들 수 있다니. 그렇죠? 판사님.

 판결합니다. 이번 응모는 최소의 색으로 80개의 서로 다른 깃발을 만드는 것입니다. 피고측은 5개의 색으로 80개 이상의 서로 다른 깃발을 만들 수 있다는 것이 입증되었으므로 원고 측 고소는 타당한 이유가 없다고 판결합니다.

재판 후 나단순 씨의 제안이 채택되었고 그는 지금도 좀 더 적은 수의 색깔로 여러 가지 서로 다른 디자인을 만드는 일을 연구 중이다.

 팩토리얼

3개의 수를 일렬로 배열하는 방법은 3 × 2 × 1 = 6가지이다. 이때 어떤 수부터 시작해 1씩 작은 수를 계속 곱해 1까지 곱한 것을 그 수의 팩토리얼이라고 한다. 즉 3의 팩토리얼은 3 × 2 × 1이며 이것을 3!이라고 쓴다.

주사위 점

주사위로 720가지의 점을 볼 수 있다는 질투투 씨의 말은 사실일까요?

주사위로 720가지의 점을 볼 수 있다는 질투투 씨의 말은 사실일까요?

최근 과학공화국에서는 주사위로 점을 보는 것이 유행처럼 퍼졌다. 주사위로 점을 보는 것은 황금 시간대에 최고 시청률을 자랑하는 드라마 두몽에서 잠시 나왔었다. 두몽은 나라를 정복하기 위해 용한 점쟁이에게 찾아가 주사위 점을 보는데, 용하게도 주사위 점이 정확히 들어맞았다는 내용이었다. 그 때문인지 주사위점을 보려는 사람들이 많아졌다.

"주사위에 색깔이 있네요."

주사위 점을 처음 보러온 처음봐 양은 친구들과 용하다는 주사위점을 보러왔다. 어두운 분위기를 예상했던 처음봐 양은 깔끔하게 차려진 점집에 들어서자 점쟁이분과 주사위 하나가 앞에 놓여져 있는 것이 보였다.

"저기 옆에 색깔별로 뜻하는게 보이지? 그걸로 보면 되는거야."

점쟁이인 질투투 씨는 가만히 앉아 신기해하는 처음봐 양과 친구들에게 말했다. 그리고 질투투 씨가 가리킨 벽에는 색깔별로 운세가 나란히 적혀있었다.

빨간색 : 오늘 몸을 조심해라.

노란색 : 지갑에 돈이 들어온다.

파란색 : 사랑하는 사람과 헤어진다.

분홍색 : 새로운 인연이 나타난다.

초록색 : 공부 운이 따른다.

보라색 : 말을 조심해서 해라.

색깔과 색깔별로 뜻하는 것은 어느 점집이나 다 똑같았다. 처음봐 양은 주사위 앞에 앉아 떨리는 손으로 주사위를 들었다.

"마음을 비우고 주사위를 던져. 그게 오늘 네 운세야."

질투투 씨가 말하자 처음봐 양은 주사위를 상 위로 던졌다. 주사위가 데구르르 구르더니 분홍색을 위로하고 멈췄다. 그것은 분홍색을 뜻하는 것이었다. 처음봐 양은 바로 벽에 붙어있는 뜻을 확인했다.

"분홍색이면 오늘 새로운 인연이 나타난대."

혹시나 좋지 않은 것이 걸리면 어떡하나 걱정하고 있던 처음봐 양은 좋은 것들 중에 특히 분홍색이 나와서 기뻐했다.

"나도 이제 드디어 남자친구가 생기는 거야!"

처음봐 양은 기분 좋은 상상을 하며 점집을 나갔다. 주로 점집에 오는 사람들은 시험을 앞둔 학생들뿐만 아니라 중요한 결재를 앞둔 회사원, 그리고 결혼을 못하는 노처녀까지 다양한 사람들이었다. 그리고 그들이 여기 와서 주사위를 굴리고 오늘 하루 운세를 점쳐 보는 것이 당연하게 여길 정도로 사람들에게 퍼졌다. 많은 사람들이 주사위 점을 보자 주사위 점을 전문으로 하는 점집도 당연히 많아졌다.

"역시 오늘도 손님이 많군. 당연하지~, 이 질투투 점쟁이가 하는 점집인데!"

사람들이 많이 다니는 시내 한복판 비싼 땅값을 가진 정담동에서 주사위점을 하는 질투투 점집으로 많은 사람들이 점을 보러왔다. 질투투 씨는 남들에게 지기 싫어하는 성격 때문에 무리해서 이 정담동에서 점집을 차렸다. 여기 오면 다른 점집보다 많은 사람들이 올 것이라고 생각했기 때문이었다. 다행히 그 생각은 맞았고, 타로로 점집이 오기 전까지는 주사위 점집 중에서 매출 1위를 달리고 있었다. 그때 타로로 점집이 나타났다.

"흥, 옆에 새로운 점집이 생긴다고 해도 이 질투투 점집을 이길 순 없을 걸?"

질투투 점집 바로 옆에 새로 생긴 점집은 타로로 씨가 운영하는 점집이었다. 그런데 이 점집은 다른 주사위 점집과 다른 새로운 전략을 가지고 홍보를 했다.

"타로로 점집으로 오세요! 여기는 다양한 주사위가 준비되어 있습니다!"

타로로 씨가 홍보하며 뿌린 전단지에는 30가지의 다양한 주사위로 주사위 점을 본다고 나와 있었다.

"하나의 주사위로만 점을 보니 믿어야 할 지 말아야 할 지 고민하셨죠? 저희 타로로 점집으로 오시면 다양한 주사위로 좀 더 믿을 수 있는 점을 보실 수 있습니다! 10가지도 아니고 20가지도 아닌 30가지의 주사위로 당신의 앞날을 미리보세요!"

타로로 씨는 깔끔한 말솜씨로 사람들의 이목을 끌었다. 사람들은 점점 모여들기 시작하고 모두 30가지의 다양한 주사위가 있다는 사실에 관심을 모았다.

"정말 30가지인가? 그럼 1가지 주사위 있는 곳보다 더 정확하겠네!"

그 모습을 바라보고만 있던 질투투 씨는 마음속 깊은 곳에 자리

잡고 있던 질투의 감정이 다시 부글부글 끓었다. 고작 하나의 주사위로만 점을 보는 질투투점집에 사람들이 오지 않을 것은 분명했기 때문이었다.

"이렇게 그냥 보고만 있을 수 없지. 그렇게 나오신다면 나도…"

질투투 씨는 사람들이 몰려드는 타로로점집을 잠시 흘겨보고서는 질투투점집 안으로 들어갔다. 그리고 밖에 일주일간 쉰다는 팻말을 걸어놓았다. 그리고 정확히 일주일이 지나고 닫혀있던 질투투 점집 문을 열었다. 그리고 질투투 씨도 홍보를 시작했다.

"그동안 한 가지 주사위로만 점을 봤던 질투투점집은 잊어주십시오. 좀 더 색다르게, 좀 더 다양하게 다시 돌아왔습니다. 30가지냐? 아닙니다. 그럼 100가지? 아닙니다. 저희는 무려 720가지의 주사위로 점을 칩니다! 어서 오셔서 점을 보세요!"

질투투 씨는 질투 가득한 마음으로 여전히 사람이 많은 타로로점집을 향해 말했다. 사람들은 30가지의 몇 배나 되는 720가지라는 소리에 다시 눈을 돌렸다. 타로로점집에 있는 사람들이 다시 바로 옆에 있는 질투투점집으로 향하자 안에 있던 타로로 씨가 밖으로 나왔다.

"네~ 당연하죠. 720가지입니다. 어서 들어오세요~"

한창 사람들을 모으고 있던 질투투 씨를 바라보던 타로로 씨가 720가지란 소리에 고개를 갸우뚱 거리며 질투투 씨에게 다가갔다.

"여기는 720가지 주사위를 사용한다구요?"

"네! 아~ 거기는 고작 30가지뿐이지요?"

질투투 씨는 자신이 이겼다는 생각에 싱글벙글 웃으면서 타로로 씨를 바라보았다. 그러나 타로로 씨는 여전히 의아하다는 표정이었다.

"어떻게 720가지까지 나와요? 그 정도까지는 나올 수 없다고요!"

"저희 점집이 720가지라고 하니깐 괜히 시비거시네요!"

질투투 씨는 두 팔을 허리에 걸치고 배를 내민 당당한 모습이었다. 하지만 720가지가 나올 수 없다고 생각하는 타로로 씨는 질투투 씨가 분명히 사기를 치고 있다고 생각했다.

"시비가 아니라, 당신이 사기 치는 것을 제가 알아차린거죠!"

"사기라니요, 생사람잡네!"

타로로 씨는 질투투 씨가 사기를 친다며 결국 법정에 고소했다.

주사위는 정육면체이니 6개의 면을 가진다는 점에 주목합니다.

서로 다른 주사위가 720개나
가능할까요?
수학법정에서 알아봅시다.

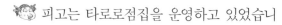

재판을 시작하겠습니다. 피고 측 먼저 변
론하십시오.

피고는 타로로점집을 운영하고 있었습니
다. 그런데 얼마 전 피고의 가게 주변에 원고가 똑같은 업종
의 가게를 차렸지요. 그런데다 피고가 1가지의 주사위로 타
로점을 보는 것과 달리 30가지의 주사위로 타로점을 볼 수
있다고 광고했습니다. 그러자 피고는 원고의 가게보다 손님
을 더 많이 끌기위해 720가지의 주사위를 사용해 타로점을
본다고 했습니다. 그게 뭐 잘못된 일입니까? 720가지면 30
가지보다 훨씬 몇 배나 더 많으니 원고가 괜히 샘을 내서 그
러는 겁니다.

720가지의 주사위를 만들 수 있나요?

30가지를 만드는데 720가지라고 못 만드는 법 있나요?

그런가요? 뭔가 좀 이상하군요.

이상한 게 당연합니다. 720가지의 주사위는 만들 수가 없으
니까요.

말도 안 되는 소리! 720가지도 분명 만들 수 있어요!

수치 변호사, 변론 시간이 지났으니 발언권은 매쓰 변호사에게 넘기겠습니다. 원고 측, 변론해주십시오.

피고는 720가지의 주사위로 타로점을 볼 수 있다고 광고했지만 720가지의 주사위는 만들어질 수가 없습니다. 원고의 30가지 주사위 그 이상의 주사위는 더 만들어질 수가 없지요.

왜 그렇지요?

주사위는 정육면체이니 6개의 면을 가질 수 있습니다. 즉 여섯 가지의 색깔을 이용할 수 있다는 것이지요. 그런 주사위의 특성상 720가지는 무리입니다.

더 자세히 설명해 주시겠습니까?

보다 더 확실하고 더 자세한 설명을 위해서 원고인 타로로 씨를 증인으로 요청합니다.

원고를 증인으로요? 알겠습니다, 받아들입니다.

재판을 지켜보고 있던 타로로 씨가 증인석으로 나오자 그것을 본 질투투 씨가 투덜거렸다.

증인, 증인은 30가지의 주사위를 만들어 타로점을 보고 계신데, 어떻게 해서 30가지가 만들 수 있는 주사위 전부라고 생각하는 거죠?

수학적으로 헤아리면 됩니다.

 어떻게 헤아리죠?

 일단 주사위는 돌릴 수 있으니까, 항상 윗면에 빨강이 오게 할 수 있습니다. 이때 반대면에 올 수 있는 색깔은 빨강을 제외한 다섯 가지입니다.

 옆면은요?

 옆면은 4개의 색을 칠해야 하는 데 이들이 원순열을 이루므로 (4-1)! = 3! = 6가지가 필요합니다. 그러므로 전체 경우의 수는 5 × 6 = 30가지 뿐입니다.

 증인의 증언을 통해 주사위를 최대 30가지의 종류를 만들 수 있고, 그 이상은 중복되지 않은 주사위를 만들 수 없음을 알 수 있습니다. 이상입니다.

매쓰 변호사의 변론대로 주사위를 이용한 타로점을 볼 때 가질 수 있는 주사위의 최대한의 가지 수는 30개인 것 같습니다. 따라서 720가지나 되는 주사위를 이용해 타로점을 본다는 피고의 광고는 거짓인 것 같군요. 피고는 재판이 끝나면 즉시 720가지의 주사위로 타로점을 본다는 광고를 중단하십시오. 피고의 타로점 가게를 번성시키기 위해서는 좀 더 독특한 다른 방법을 찾아야 할 것 같습니다. 재판을 마치겠습니다.

재판이 끝난 후, 질투투 씨는 720가지의 주사위로 타로점을 본다는 광고를 중단할 수밖에 없었다. 그 후 질투투 씨는 손님을 끌 뭔가 획기적인 방법을 찾기 위해 고심하고 있다.

 원순열

어떤 수를 원에 일렬로 배열할 때 서로 다른 방법의 수를 원순열이라고 한다. n개를 원에 배열할 때 원순열의 수는 $(n-1)!$이 된다.

동전에 앞, 뒤 그리고 한 가지가 더 있다?

김일급 학생은 졸업고사에서도 좋은 성적을 받을 수 있을까요?

수학대학교의 게임 학과에는 신기한 학생이 하
나 있다. 음지의 에이플러스라고 불리는 김일급 학
생이다. 시험 기간임에도 불구하고 공부는 뒷전이
고 항상 놀기 바쁜데도 시험만 보면 A⁺를 받았다. 학생들은 항상
그가 어떻게 해서 최고점수를 받는지를 궁금해 했고 분명 정당한
방법은 아닐 거라고 생각했기 때문에 그를 음지의 에이플러스라
고 불렀다.

"일급이 요번에도 A⁺ 받았다며? 대단한 녀석이야. 분명 우리하
고 같이 놀았는데도 말이야. 시험 날에는 정확한 답을 쓰고 있어."

"그러게. 나도 놀랄 때가 한두 번이 아냐. 저 녀석 천재 아닐까?"

"여하튼 같이 놀고 지금 성적표 고치고 있는 우리 신세만 처량하구나.

"아~ 부끄러운 내 성적들, 너희들을 어찌하면 좋겠니."

기말고사가 끝나고 성적이 발표된 후의 사람들의 대화 속에는 김일급 씨의 이야기가 꼭 들어있었다. 그의 미스터리한 성적 때문이다.

"일급아! 너 요번에 성적 또 A⁺ 받았다며? 넌 정말 신기한 녀석이다. 도대체 비결이 뭐야? 다른 사람 모르게 준비하는 고도의 컨닝페이퍼라고 있는 거야?"

"그런 거 없어. 그저 교과서 위주로 열심히 봤을 뿐인데? 거기다 워낙 영특하니까. 하하하하, 어쨌든 날 부러워할 시간 있으면 한 시간이라도 책 좀 더 보는 게 어때? 난 워낙에 축복받은 아이라서"

"야, 너 뭐야! 얄미워!"

그의 성적과 더불어 그의 태도에 대해 항상 사람들은 입방아를 찧어 댔다. 좋은 성적을 받고도 그의 입방정에 가까운 잘난 체 때문에 그의 인품을 깎이기에 충분했다.

"저 녀석 또 잘난 체야. 에이플러스 받은 것도 사실이고, 일급이 머리가 좋은 것도 사실인 거 같지만 왠지 모르게 칭찬하고 싶은 마음은 전혀 안 들게 한다니까."

"그게 바로 저 녀석의 장점 아닐까? 성격까지 착해봐. 얼마나 더 얄미워? 미워할 수도 없잖아. 하지만 우리의 일급이는 알아서 행동해 주시니까 하하하하"

"뭐 장점이라면 장점이구나!"

그렇게 시간이 지나고 또 한번의 시험이 다가왔다. 하지만 요번 시험은 의미가 조금 달랐다. 이번 시험에서 합격을 하고 나면 이제 졸업을 하기 때문이었다. 자신들의 4년 동안의 공부를 확인해 볼 수 있는 졸업고사이기 때문이었다. 졸업고사에는 과목별로 치러지며 불합격하게 되면 재시험을 봐야하는 고생이 뒤따르기 때문에 다들 한번에 합격하기 위해서 열심히 공부를 하고 있었다.

"아참, 요번에 프로그래밍 졸업고사는 교수님 사정으로 리포트로 대신 한다며?"

"응. 그래서 애들이 서로 보고할까봐 일부러 개개인마다 다른 주제를 주셨다고 하더라고. 교수님 실에 가서 각자 주제를 정한다고 하는데, 나는 안 가서 아직 주제를 못 정했어."

"교수님 만나는 게 두려운 건 아니고? 너 프로그래밍 성적 우리 과에서 꼴찌일걸? 하하하"

"일급아 교수님 찾아갔어? 주제 받았어?"

"이따 가봐야지. 아마 나의 축복받은 지성에 알맞은 과제를 내 주시겠지"

김일급 군은 수업이 끝나고 교수실로 걸음을 옮겼다.

"교수님, 저 졸업고사 과제 주제 받으러 왔습니다."

"음, 자네 아주 성적이 좋구먼. 이번 과제만 완성을 하면 자네가 수석 졸업을 하는 것은 당연하겠군. 내가 고른 주제 중에 조금 까다로운 것이 하나 있었는데 그걸 자네가 맡아주면 되겠구먼."

"수석 졸업이라고요? 거기까지는 생각을 못했는데, 다른 졸업고사는 최고점수를 받았으니 이제 교수님의 과제만 잘하면 그렇게 되겠네요. 그럼 제가 해야 할 주제는 뭔가요?"

"동전 한 개를 이용하여 이길 확률이 $\frac{1}{3}$이 되는 게임을 고안하는 것이네"

"네? 좀 이상한 문제이긴 하지만 한번 해보겠습니다."

교수실에서 나온 김일급 군은 4년 동안 내내 느껴보지 못했던 막막함을 느꼈다.

"도대체 뭘 어떻게 하라는 거야? 동전은 당연히 $\frac{1}{2}$의 확률 아냐? 앞과 뒤가 나올 확률밖에 없잖아. 어떻게 $\frac{1}{3}$의 확률로 만들라는 거지?"

그 날부터 김일급 군은 동전을 가지고 다니며 $\frac{1}{3}$이 나올 확률에 대해서 골똘히 생각을 해봤다. 하지만 아무리 생각해도 동전으로는 도저히 나올 확률이 아니라는 생각이 들었다.

"아무리 생각을 해도 답을 알 수가 없어. 도대체 이 프로그래밍을 어떻게 하라는 거야! 혹시 교수님이 무슨 다른 생각이 있으신 건 아닐까? 혹시 내가 받은 성적이 모두 컨닝페이퍼로 얻은 가짜 성적이라고 생각하시 일부러 이러시는 거 아닐까? 맞아!! 그날 교수님과의 면담 때 나의 성적에 대해서 반신반의 하시는 거 같았어!"

　교수님이 자신의 성적을 믿지 못해 일부러 재시험 치르게 하시려고 말도 안 되는 과제를 내줬다고 생각한 김일급 군은 일부러 과제를 내지 않았다. 결국 자신의 수석 졸업 역시 놓치게 되었고, 교수님을 찾아가 자신의 짐작에 대해서 이야기를 하였고 어떻게 그런 생각을 하냐며 일급 군을 혼내신 교수님은 이 일에 대해 수학법정에 찾아가 진실을 가리자고 했다.

동전을 던져서 뒷면이 나오면 무승부로 하고 게임규칙을 정해야 합니다.

동전 한 개를 이용하여 이길 확률이
$\frac{1}{3}$이 되는 게임을 만들 수 있을까요?

수학법정에서 알아봅시다.

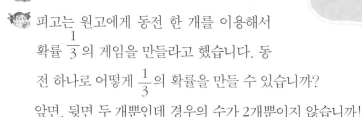

 재판을 시작합니다. 원고 측 변론하십시오.

피고는 원고에게 동전 한 개를 이용해서
확률 $\frac{1}{3}$의 게임을 만들라고 했습니다. 동
전 하나로 어떻게 $\frac{1}{3}$의 확률을 만들 수 있습니까?
앞면, 뒷면 두 개뿐인데 경우의 수가 2개뿐이지 않습니까!

 그래도 무슨 방법이 있지 않을까요?

방법은 무슨 방법이요. 이건 피고가 원고의 그동안의 성적을
믿지 못해서 골탕 먹이려고 내어 준 과제입니다. 애초에 답이
없는 문제를 낸 것이지요. 따라서 이 과제로 마지막 시험의 성
적을 가린다는 것은 문제가 있다고 생각합니다. 따라서 피고는
원고에게 다른 과제를 내어 시험을 대체할 것을 요구합니다.

 피고 측 변론하세요.

원고 측 변호사는 피고가 일부러 원고를 골탕 먹이기 위해 해
결할 수 없는 과제를 냈다고 했지만 그것은 사실이 아닙니다.
분명 피고가 내어 준 과제는 해결이 가능한 문제였으며, 피고
는 원고가 해결할 수 있을 것이라 믿었기 때문에 그런 과제를
내어 준 것입니다.

그럼 과제의 답은 뭡니까? 말해 보시죠.

그 답을 알아보기 위해 과제를 내어주셨던 교수님을 직접 모
셔보겠습니다. 판사님, 피고를 증인으로 요청합니다.

받아들이겠습니다. 피고는 증인석으로 나오십시오.

머리카락이 반은 하얗고 반은 검은 50대 후반의 한
남자가 증인석으로 나왔다.

증인, 100달란짜리 동전 하나로 확률 $\frac{1}{3}$이 되는 게임을 만들
수 있습니까?

물론입니다.

그 방법을 알려주시죠.

우선 동전을 던져서 뒷면이 나오면 무승부로 하고 다음과 같
이 게임규칙을 정하면 됩니다.

1) 짝수 회에 처음으로 앞면이 나오면 이긴다.
2) 홀수 회에 처음 앞면이 나오면 진다.

이렇게 규칙을 정하면 이길 수 있는 경우는 다음과 같습니다.

뒤 앞

뒤 뒤 뒤 앞

뒤 뒤 뒤 뒤 뒤 앞

$$\vdots$$

뒷면이 나오고 그 다음에 앞면이 나올 확률은 $(\frac{1}{2})^2 = \frac{1}{4}$이고 뒷면이 세 번 나온 후 앞면이 나올 확률은 $(\frac{1}{2})^4 = (\frac{1}{4})^2$. 그리고 뒷면이 다섯 번 나온 후 앞면이 나올 확률은 $(\frac{1}{2})^6 = (\frac{1}{4})^3$ 이 되므로 이길 확률은

$$\frac{1}{4} + (\frac{1}{4})^2 + (\frac{1}{4})^3 + \cdots$$

가 되어 이것을 계산하면 $\frac{1}{3}$이 됩니다.

그게 왜 $\frac{1}{3}$이 되죠?

간단합니다.

$$P = \frac{1}{4} + (\frac{1}{4})^2 + (\frac{1}{4})^3 + \cdots$$

라고 해보죠.

그리고 이 식에 $\frac{1}{4}$을 곱하면

$$\frac{1}{4} \times P = (\frac{1}{4})^2 + (\frac{1}{4})^3 + \cdots$$

이 됩니다.

그러므로 $P = \frac{1}{4} + \frac{1}{4} \times P$ 가 되지요.

이 식의 양변에 4를 곱하면

$4P = 1 + P$

가 되고 이항하면

$3P = 1$ 이므로

$P = \frac{1}{3}$ 이 됩니다.

그렇군요. 그런 방법을 사용하면 이길 확률이 $\frac{1}{3}$ 인 게임을 만들 수가 있겠군요. 판사님, 피고를 통해 직접 답이 있다는 것을 알게 되었으므로 원고의 주장은 받아들여질 수 없습니다.

그렇겠네요. 원고, 피고가 답이 없는 과제를 낸 것이 아니라 원고가 생각이 조금 짧았던 것 같습니다. 따라서 과제를 해결하지 못한 원고는 피고가 주는 성적을 그대로 받아야만 할 것 같네요. 이상으로 이번 재판은 마치도록 하겠습니다.

재판을 통해 김일급은 평소 성적이 좋아 자만했던 것에 대해 반성하게 되었다. 앞으로는 머리만 믿을 것이 아니라 열심히 공부해서 좋은 성적을 받아야겠다고 다짐한 김일급은 교수님이 주시는 성적을 그대로 인정했다. 그러나 뜻밖에 교수님께서 좋은 성적을 주시자 더욱 열심히 공부하기로 마음먹었다.

무한등비급수의 합

1보다 작은 어떤 수 r을 곱해 만든 무한등비수열의 합에 대해서는 다음과 같은 식이 성립한다.

$$a + a \times r + a \times r^2 + a \times r^3 + \cdots = \frac{a}{1-r}$$

노재수 양의 눈물의 생일 파티

4가지 원액으로 얼마나 많은 칵테일을 만들 수 있을까요?

노재수 양은 오늘도 어김없이 거울 앞에 서서 자신의 모습을 바라보며 탄성을 내뱉고 있다.

"거울아, 거울아, 난 걱정이 참 많이 된단다. 네가 이렇게 맨날 아름다운 나의 모습만을 비추어 주다가, 어느 날 갑자기 다른 집으로 가버려서 더 이상 이런 아름다움을 보지 못한다면 넌 얼마나 슬프겠니?"

자신 스스로를 너무나도 사랑하는 노재수 양은 며칠 뒤의 생일에 대한 기대감으로 들떠 있었다. 또한 자신을 사랑하는 만큼 남들보다 더 멋진 생일 파티에 친구들을 초대해야겠다고 결심했고,

자신을 뺀 사람 중에 자신을 가장 사랑해주는 아버지에게 부탁을 드렸다.

"아버지, 아버지~ 저 부탁이 있어요."

"며칠 뒤 저의 생일인거 아시죠? 세상 누구보다 멋진 생일 파티를 열고 싶은데, 제 부탁 당연히 들어주실 거죠?"

노재수 양의 아버지는 항상 그렇듯이 딸의 부탁이라면 거절하는 법이 없었기에 노재수 양의 아버지는 오히려 자신이 준비한 생일파티에서 즐거워할 딸의 표정을 상상하며 즐거워했다. 아버지의 승낙에 재수 양은 들떠 파티에 입을 옷을 사기 위해 백화점으로 향했다.

"안녕하세요. 오늘 친구들과의 모임에 입을 옷 좀 골라주세요. 제 미모와 어울리고 제 격조에 맞는 걸로."

양손 가득 쇼핑백을 들고 백화점을 나선 그녀는 콧노래까지 부르며 집으로 돌아왔다. 산 옷을 입어보고 거울을 들여다보며 즐거워하고 있던 그녀의 방에 아버지가 들어오셨다.

"딸아, 딸아, 너무 아름다워 슬픈 딸아! 어디 있니?"

"네 아버지, 저 여기 있어요. 빛나는 제 피부 때문에 암흑 속에서도 전 빛이 나는데 왜 절 못 찾으셨을까요?"

"너무 눈이 부셔서 잠깐 앞이 보이지 않았단다."

부녀간의 정겹고도 부담스러운 대화가 오간 뒤, 둘은 본격적으로 파티에 대해서 의논을 하기 시작했다.

"우리 딸이 부탁한 생일 파티를 계획했는데, 칵테일 파티 어떠니? 여러 가지 칵테일을 조금씩 맛보는 거 어때? 마침 아버지의 호텔에 유명한 바텐더가 들어왔는데, 그 사람이 하는 칵테일 쇼를 보면서 파티를 하는 거란다."

"너무 좋은 계획이예요. 그럼, 아버지는 당연히 세상 어디에서도 맛 볼 수 없는 최고의 칵테일을 만들어 달라고 그 분께 부탁하실거죠?"

"그런 고민 따윈 하지 말거라. 피부 나빠진단다. 우리 딸은 항상 즐겁고 행복하게 살기만 하렴. 고민은 이 아버지가 다 하마."

자신이 생각해낸 아이디어를 딸이 좋아하자 아버지는 신이 나서 준비를 하기 시작했다. 우선 호텔에 가서 칵테일 쇼에 대한 것들을 지시했다.

"김 부장, 우리 호텔에서 칵테일 바에 있는 칵테일 원액은 모두 몇 종류지?"

"네 종류입니다."

"다음 주에 호텔에서 우리 딸 생일 파티를 하려고 하는데, 우리 딸이 기대한 만큼 최고의 파티가 되어야 하네. 그러기 위해서는 아주 다양한 칵테일들을 만들어야 하네."

사장의 지시를 받은 호텔에서도 노재수 양의 생일 파티를 준비하느라 여념이 없었다. 칵테일 쇼를 하기로 한 바텐더들은 며칠 전부터 연습할 정도였다. 하지만 막상 그렇게 열심히 준비하던 바텐더에게 생일 당일 문제가 생겼다.

"부장님, 큰일 났습니다. 바텐더가 갑자기 쓰러져서 병원에 실려 가는 바람에 오늘 칵테일 쇼를 할 사람이 없습니다."

"이런, 사장님의 따님 되시는 분의 생일이라 평소보다 몇 배의 신경을 써야할 상황에 이런 일이 벌어지다니, 어쩔 수 없군. 자네가 하게."

"부장님! 저는 이제 갓 들어온 신입이라 할 줄 아는 게 없는데……."

김 부장은 갑자기 발생한 돌발 상황 때문에 그의 말이 채 끝나기도 전에 밖에 나가 버렸다.

"재수야~ 생일 축하해."

밖에서는 이미 노재수의 친구들로 가득차 있었고, 이러지도 저러지도 못하는 상황에서 신참 바텐더는 하는 수 없이 무대 위로 올라갔다. 여기저기서 쇼를 기대하는 사람들의 뜨거운 박수가 이어졌고 신참은 되는대도 칵테일을 만들었다.

"하는 수 없지, 내가 가장 자신 있는 게 한 가지니까, 그걸 하는 수밖에"

신참인 그는 자신이 할 줄 아는 한 가지의 칵테일만을 계속해서 만들었고 다양한 칵테일을 맛보고 싶어 하던 딸의 친구들은 칵테일 쇼가 너무 단순하다며 불평을 하기 시작했다. 노재수 양은 결국 울음을 터트리고 말았다. 이에 화가 난 사장은 신참 바텐더를 해고 했고 신참 바텐더는 억울하다며 수학법정에 사장을 고소했다.

한 개씩 4가지 칵테일을 만들 수 있고, 4개를 모두 섞을 수도 있으며
4개 중에서 2개를 혹은 3개를 뽑아서 만들 수도 있습니다.

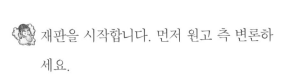
네 종류의 칵테일 원액으로
몇 가지의 칵테일을 만들 수 있을까요?
수학법정에서 알아봅시다.

 재판을 시작합니다. 먼저 원고 측 변론하

세요.

 칵테일이라는 게 짬뽕아닙니까?

재판을 시작합니다. 먼저 원고 측 변론하 세요.

칵테일이라는 게 짬뽕아닙니까?

칵테일이 언제 중국요리가 되었지?

판사님 정말 무식하시군요. 그게 아니라 있는 재료 모두 섞어

서 만드는 거 아니냐는 거죠.

지금 누가 누구더러 무식하다는 거요? 무식한 건 당신이잖아?

진정들하고 재판합시다.

알았소. 수치 변호사 변론 더 없죠?

네.

그럼 매쓰 변호사 변론하세요.

칵테일수학연구소의 서꺼바 소장을 증인으로 요청합니다.

알록달록한 무늬의 티를 입은 30대의 남자가 증인석

으로 들어왔다.

 칵테일이라는 게 뭐죠?

여러 가지의 원액을 섞어서 만든 술입니다.

그럼 네 가지 원액이 있으면 네 개를 모두 섞어야 하나요?

물론 네 개를 모두 섞어도 칵테일이 되지만 세 개나 두 개를 섞어도 칵테일이 되고 원액 하나만을 손님에게 제공해도 칵테일이라고 부릅니다.

그럼 네 개의 원액이 있을 때는 몇 종류의 칵테일이 만들어지나요?

15가지입니다.

어떻게요?

우선 한 종류로 만드는 칵테일은 4가지입니다. 그리고 두 종류를 섞어 만드는 칵테일은 4개 중에서 2개를 뽑는 경우의 수인 $_4C_2 = 6$가지가 되고 4개 중에서 3개를 섞어 만든 칵테일은 4개 중 3개를 뽑는 경우의 수인 $_4C_3 = 4$가지가 되고 네 가지를 모두 섞어 만든 칵테일은 한 종류입니다. 그러므로 만들 수 있는 칵테일의 수는 $4 + 6 + 4 + 1 = 15$가지가 됩니다.

꽤 많은 종류가 만들어지는 군요.

그럼 판결합니다. 이렇게 많은 종류의 칵테일이 만들어질 수 있는데 단 한 종류의 칵테일만을 손님들에게 공급한 바텐더에게 책임을 묻지 않을 수 없군요. 그러므로 이 해고는 정당하다고 판결합니다.

재판이 끝난 후 나재수 양은 사장에게 신참이 몰라서 그랬으므

로 이번 한번만 용서해주자고 건의했고 결국 신참은 다시 일을 할

수 있게 되었다.

 조합

4개의 수 1, 2, 3, 4에서 두 개의 수를 뽑기만 하는 경우 서로 다른 방법의 수는 6가지이다. 그것은
(1, 2), (1, 3), (1, 4), (2, 3), (2, 4), (3, 4)가 그것이다.

똑같은 팔찌

3개의 구슬로 만들 수 있는 팔찌는 모두 몇 개일까요?

사건속으로

한심한 씨는 3개월째 한 여자를 따라다니고 있
었다. 그 여자의 이름은 나새침 씨로 한심한 씨 동
네 은행의 직원이다. 한심한 씨는 은행에 볼일이
없어도 나새침 씨를 보기 위해 매일 은행을 찾았다. 어떤 날은 정
리할 것도 없는 통장을 통장 정리기에 넣었고, 또 어떤 날은 쓰지
도 않을 돈을 찾기도 했다. 그날도 한심한 씨는 나새침 씨가 일하
고 있는 은행을 찾았다.

"어서 오십시오."

나새침 씨는 여느 날과 다름없이 밝은 얼굴로 한심한 씨를 반겼다.

"저 … 저금하러 와 … 왔는데요."

나새침 씨의 얼굴을 본 한심한 씨는 양 볼을 붉히며 말까지 더
듬었다.

"네, 여기 통장과 저금하실 돈을 놓아주세요."

나새침 씨는 은행 창구에 놓여있는 작은 접시를 내밀었다. 한심
한 씨는 더듬거리며 통장과 돈을 접시 위에 올려놓았다. 그런데
한심한 씨가 그 접시에서 손을 빼기도 전에 나새침 씨의 손이 접
시를 향해 뻗어왔다. 한심한 씨의 통장과 돈을 잡기 위해 뻗은 나
새침 씨의 손은 접시 위에 놓여있던 한심한 씨의 손과 살짝 스치
게 되었다. 나새침 씨는 아무렇지도 않게 한심한 씨의 통장과 돈
을 집어갔다. 그런 나새침 씨와 달리 한심한 씨는 심장이 터질 것
같이 두근거렸다.

"죄 … 죄송해요!"

한심한 씨는 급히 손을 빼며 사과했다.

"뭐가요?"

나새침 씨가 어리둥절한 표정으로 한심한 씨를 올려다보았다.
그러나 한심한 씨는 여전히 양 볼을 붉힌 채 땅만 보고 서 있었다.

돈을 저금하고 집으로 돌아온 한심한 씨는 나새침 씨의 손과
스친 자신의 손을 감싸고 어쩔 줄을 몰라 했다.

"새침 씨의 향기가 나는 것 같아!"

한심한 씨는 자신의 손을 코끝 가까이 가져다 대며 행복한 기

분에 빠져들었다. 그날 한심한 씨는 나새침 씨와 스친 손을 씻지도 않은 채 잠들었다.

다음날, 회사에서 퇴근한 한심한 씨는 어김없이 동네 은행을 찾았다. 한심한 씨는 오늘 나새침 씨의 얼굴을 조금이라도 더 오래 보기 위해 대단한 작전을 세워왔다. 500달란, 100달란, 50달란, 10달란짜리가 뒤섞인, 돼지 저금통 속의 동전 수백 개를 저금하기로 한 것이다.

'하하하, 이 동전을 다 세려면 최소한 20분은 걸리겠지?'

한심한 씨는 헤벌래 웃음을 흘리며 나새침 씨 앞으로 나갔다.

"어서 오십시오."

"이거 저 … 저금 하러 와 … 왔는데요."

"저금 자주 하시네요. 은행에서 저축상이라도 드려야겠는데요?"

한심한 씨의 거대한 돼지 저금통을 본 나새침 씨는 떨떠름한 웃음을 지어보였다. 그러나 눈치 없는 한심한 씨는 나새침 씨의 말이 칭찬인 줄만 알고 같이 웃음 지었다.

"하하하, 제가 저금하는 걸 좋아하거든요!"

잠시 후, 나새침 씨가 곱고 하얀 손에 날카로운 칼이 들렸다. 그 칼은 곧장 돼지저금통의 배를 향했다. 칼이 돼지저금통의 배를 가르자 무수한 동전들이 와르르 쏟아져 나왔다. 한심한 씨는 그 동전들을 바라보며 뿌듯한 미소를 짓고, 나새침 씨는 깊은 한숨을 내쉬었다.

"이 동전들을 다 세려면 시간이 꽤 걸리겠죠?"

한심한 씨는 은행창구 앞에 팔을 괴고 앉아서 말했다.

"오래 안 걸려요."

나새침 씨는 여전히 떨떠름한 미소를 지으며 말했다. 오래 안 걸린다는 말에 한심한 씨의 해맑던 얼굴이 순간 어두워졌다.

나새침 씨의 말대로 무수한 동전들은 노련한 나새침 씨의 손으로 순식간에 분류되었다. 분류된 동전은 기계 속으로 들어가 정확한 액수로 계산되어 나왔다. 모든 동전을 세기까지 5분도 채 걸리지 않았다.

"다 끝났습니다."

나새침 씨는 동전들이 저금된 통장을 내밀었다. 한심한 씨의 얼굴엔 실망한 기색이 역력했다. 한심한 씨는 아쉬운 마음을 뒤로하고 은행을 빠져나왔다.

은행을 빠져나와 집으로 돌아오는 길, 한 리어카가 한심한 씨의 발걸음을 붙잡았다. 아주머니가 리어카 위에서 알록달록한 팔지를 팔고 있었던 것이다. 한심한 씨는 리어카 가까이 갔다. 그 팔찌는 빨강, 노랑, 파랑 세 개의 구슬이 꿰어진 것이었다. 아주머니는 리어카 가까이 다가온 한심한 씨에게 팔찌를 팔기 위해 유인하기 시작했다.

"총각, 여자친구 주려고?"

아주머니의 말에 한심한 씨는 나새침 씨를 떠올렸다. 나새침 씨의 가늘고 새하얀 손목에 이 팔찌를 채운다면 나새침 씨의 손이 더욱 빛날 것 같았다. 그때 아주머니의 말이 한심한 씨의 공상을 깼다.

"이 팔찌는 말이야, 세 개의 구슬로 6개의 다른 스타일을 연출할 수 있어. 잘 봐. 빨강, 노랑, 파랑 하나, 빨강, 파랑, 노랑 둘, 노랑, 빨강, 파랑 셋, 노랑, 파랑, 빨강 넷, 파랑, 빨강, 노랑 다섯, 파랑, 노랑, 빨강 여섯! 어때? 내말이 맞지?"

한심한 씨는 아주머니의 말에 혹 하고 넘어갔다.

"오! 아주머니! 정말 그러네요?"

한심한 씨는 신기해하며 팔찌 하나를 집어 들었다.

"아주머니! 당장 이거 하나 포장해 주세요."

"총각, 보는 눈이 있구먼."

아주머니는 팔찌 하나를 예쁘게 포장해서 한심한 씨에게 건넸다.

팔찌를 산 한심한 씨는 그 길로 은행을 찾았다. 은행 창구에는 여전히 나새침 씨가 앉아 있었다. 한심한 씨는 두근거리는 마음으로 한걸음씩 나새침 씨 앞으로 걸어갔다. 일에 열중하던 나새침 씨는 인기척을 느끼고 고개를 들었다.

"어머?"

눈앞에 서 있는 한심한 씨를 발견한 나새침 씨가 화들짝 놀랐다.

"새침 씨, 이거……"

한심한 씨는 또 부끄러운 듯 얼굴을 붉히며 예쁘게 포장된 팔찌를 내밀었다.

"이게 뭐예요? 그리고 제 이름은 또 어떻게 아셨어요?"

나새침 씨는 한심한 씨의 얼굴만 빤히 쳐다볼 뿐 선물을 받아들 생각은 하지 않았다.

"오래 전부터 새침 씨를 지켜봐 왔어요. 이건 제 마음의 선물이니 받아주세요."

나새침 씨는 한심한 씨의 끈질긴 권유에 못이기는 척 선물봉투를 받아들었다. 선물봉투를 뜯자 그 속에는 빨강, 노랑, 파랑 구슬로 만들어진 팔찌가 들어있었다.

"새침 씨, 이 팔찌의 구슬을 빼서 다시 끼우면 6가지 다른 스타일의 팔찌로 쓸 수 있어요. 월요일엔 빨강, 노랑, 파랑, 화요일엔 빨강, 파랑, 노랑, 수요일엔 노랑, 빨강, 파랑, 목요일엔 노랑, 파랑, 빨강, 금요일엔 파랑, 노랑, 빨강, 토요일엔 파랑, 빨강, 노랑. 어때요? 하하"

재미있는 팔찌에 용기를 얻은 한심한 씨는 쉴 새 없이 말을 쏟아냈다. 나새침 씨는 그런 한심한 씨가 부담스럽고 한심스러워 보였다.

다음날, 다시 은행을 찾은 한심한 씨는 나새침 씨로부터 팔찌를 되돌려 받게 되었다.

"심한 씨, 이 팔찌는 구슬을 아무리 바꿔 끼워도 항상 같은 모양이던걸요? 어떻게 된 건가요? 이 팔찌가 거짓인 것처럼 심한 씨의 마음도 거짓이 아닌 건지 모르겠군요. 어쨌든 이 엉터리 팔찌는 도로 가져가 주세요."

어떻게 한심한 씨를 떼어낼까 고민하던 나새침 씨는 엉터리 팔찌 덕분에 좋은 핑계를 얻었다.

엉터리 팔찌로 나새침 씨에게 보기 좋게 차인 한심한 씨는 팔찌를 판 리어카 아주머니를 수학법정에 고소해 버렸다.

n개의 구슬로 목걸이를 만들 때 서로 다르게 만들 수 있는
방법의 수는 $\dfrac{(n-1)!}{2}$ 가지입니다.

과연 여섯 개의 팔찌는
모두 같은 팔찌일까요?
수학법정에서 알아봅시다.

재판을 시작하겠습니다. 피고 측 먼저 변
론하십시오.

팔찌에는 세 개의 구슬이 사용됩니다. 빨
강, 노랑, 파랑이지요. 그러므로 세 개의 구슬을 서로 다르게
꽂을 수 있는 방법은 세 개의 구슬을 서로 다르게 나열하는
방법의 수인 3!=6가지이므로 6일 동안 서로 다른 팔찌로 사
용할 수 있다는 것은 명확합니다. 뭐가 문제죠?

글쎄요. 재판을 지켜 보죠. 그럼 원고 측 변론하세요.

원순열연구소의 원나열 소장을 증인으로 요청합니다.

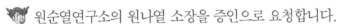

얼굴이 동그랗게 생긴 40대의 여자가 증인석에
들어왔다.

증인은 원순열 전문가죠?

그렇습니다.

원에 배열하면 일직선에 배열할 때와 달라지나요?

그렇습니다. 빨강 노랑 파랑의 세 구슬을 일직선에 배열하는 경우의 수는 6가지가 맞습니다. 그것을 써 보면 다음과 같지요.

빨 노 파

노 파 빨

파 빨 노

빨 파 노

파 노 빨

노 빨 파

그런데 원에 배열하는 경우, 빨 노 파 , 노 파 빨, 파 빨 노 의
경우는 같은 경우가 됩니다.

 그건 왜죠?

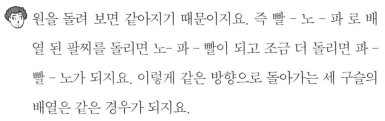 원을 돌려 보면 같아지기 때문이지요. 즉 빨 – 노 – 파 로 배
열 된 팔찌를 돌리면 노– 파 – 빨이 되고 조금 더 돌리면 파 –
빨 – 노가 되지요. 이렇게 같은 방향으로 돌아가는 세 구슬의
배열은 같은 경우가 되지요.

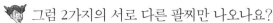 그럼 2가지의 서로 다른 팔찌만 나오나요?

한 가지입니다. 팔찌는 뒤집을 수 있어요. 즉 빨 – 노 – 파 로
배열 된 팔찌를 뒤집으면 빨 – 파 – 노 로 배열된 팔찌가 되므
로 같아지지요. 이런 순열을 목걸이 순열이라 부르지요. 즉
이 경우 서로 다른 팔찌의 종류는 한 가지입니다.

그렇군요. 정말로 한 종류의 팔찌군요. 그렇죠? 판사님.

판결합니다. 우리는 오늘 재판에서 목걸이 순열이라는 새로
는 수학을 배웠습니다. 목걸이 순열의 원리로부터 세 개의 구
슬로 만들 수 있는 팔찌는 한 종류뿐임을 알았으므로 리어카
아주머니는 한심한 씨에게 손해 배상을 할 것을 판결합니다.

재판 후, 리어카 아주머니는 목걸이 순열에 대한 공부를 했고
네 개의 구슬을 이용하여 서로 다른 세 개의 팔찌를 연출하는 상
품을 개발했다.

 목걸이 순열

n개의 구슬로 목걸이를 만들 때 서로 다르게 만들 수 있는 방법의 수는 $\dfrac{(n-1)!}{2}$ (가지)이다.

사자와 호랑이를 떨어뜨려라

신나라 동물원은 호랑이와 사자가 이웃하지 않는 우리 모양을 생각해 낼 수 있을까요?

한국에서 가장 유명한 동물원인 신나라 동물원에는 맹수 여섯 마리를 나란히 배치하였다. 많은 사람들이 맹수들을 구경하기 위해 이 동물원을 찾고 있는 것으로 유명했다. 맹수만 전문적으로 전시하는 동물원은 신나라 동물원이 처음이었기 때문에 주말마다 엄청난 관람객이 모여들었다.

"자~ 여러분 여기를 보십시오. 이 호랑이는 백두산에서 데리고 온 그 유명한 백두산호랑이입니다. 보통 한국호랑이라고 불리죠. 이 호랑이는 몸 전체 길이가 230cm이니까 저기 저 아저씨보다 훨씬 크죠? 야생에서는 보통 멧돼지나 노루, 사슴 등을 몰래 숨어서 기다리다가 갑자기 공격하여 잡아먹곤 한답니다!"

"그리고 저건 표범입니다. 강변의 숲이나 숲이 무성한 바위지대, 덤불, 사바나 등에 살고 있죠. 표범의 특징은 몸에 점이 있고, 아주 날렵해서 시속 90km를 달릴 수 있다는 것이죠. 이 녀석은 남아프리카에서 태어나자마자 이곳으로 데리고 왔죠.

신나라 동물원에서는 백두산호랑이와 남아프리카에서 온 사자와 표범, 브라질 아마존에서 넘어온 악어, 러시아 캄차카 반도의 불곰, 우리나라의 천연기념물인 독수리를 신나라 동물원에서 만든 특이한 형태의 우리에 넣어 전시하고 있었다.

"아빠, 저것 좀 봐요. 저거 독수리 맞죠? 우와~ 엄청 크다!"

"이야, 우리 아들 씩씩하네! 무섭지 않아?"

"네, 하나도 무섭지 않아요. 와~ 저건 악어다~. 진짜 신기하게 생겼어요!"

"악어 입이 정말 크게 생겼지? 저기 봐라 저건 무슨 동물인지 아니?"

"그럼요~ 저건 사자잖아요~! 으앙~ 근데 저 사자랑 그 옆에 있는 호랑이는 싸우고 있는 것 같은데요? 자꾸 으르렁거리고 있어요! 무서워~"

"그러네, 저 사자랑 호랑이는 떨어뜨려 놓아야 할 것 같은데. 왜 저렇게 나란히 가둬 둔 걸까? 저대로 두면 너무 위험할 것 같아.

더 사나워지겠는데……."

아빠는 동물원 구경을 마치고 나오면서 고객 소리함에 이런 글을 적었다.

'동물원 구경 잘하고 돌아갑니다. 저런 사나운 맹수를 관리하시느라 수고가 많으십니다. 여러 맹수를 한 곳에 전시해 놓아서 한 자리에서 구경할 수 있게 해주셔서 더욱 흥미로웠습니다. 그런데 호랑이와 사자는 좀 위험해 보였습니다. 호랑이와 사자가 바로 옆에서 구경하는 내내 으르렁거리는 바람에 아들이 많이 무서워하더군요. 다른 맹수들보다 훨씬 더 사납기 때문에 두 동물을 이웃하여 전시해 두는 것은 관람객들이 위협을 느끼게 됩니다. 사자와 호랑이는 이웃하지 않게 떨어뜨려 전시하는 것이 나을 것 같습니다. 그럼 앞으로 신나라동물원에 더 많은 발전이 있길 바라며. 구경 잘하고 돌아갑니다.'

신나라동물원의 직원은 이 고객 소리함의 글을 읽고 사장에게 알렸다.

"사장님, 이 글 좀 읽어보시겠습니까. 오늘 올라온 고객 소리함의 글인데 우리 동물원에 필요할 것 같아서 가져와 봤습니다."

"그래, 어디 한번 봅시다. 흠……. 사자랑 호랑이가 그렇게 사납게 군단 말인가?"

"네, 처음 나란히 전시해둘 때부터 약간씩 그런 문제가 있긴 했는데 요즘 들어서 많이 심해진 것 같더라고요. 어떻게 할까요? 바로 조치를 취해야 하지 않을까요?"

"그래 그럼, 그 두 동물이 이웃하지 않게 다른 동물과 우리를 바꿔 주도록 하라고. 우리를 다시 만들 수는 없으니까 일단은 동물의 위치를 바꾸도록 하게"

"네, 그렇게 하겠습니다. 다른 지시 사항은 없으십니까?"

"아, 그래! 중요 전달사항이 하나 있네. 이번에 동물원건설공단과 회의를 했는데 전국적으로 동물원 몇 개를 더 건설하기로 결정했어. 동물원건설공단에서 이제 동물원도 다른 기업들처럼 프랜차이즈 시스템을 이용해서 전국에 동물원을 건설하고자 하더라고. 그러면서 우리 동물원에 있는 문제가 뭔지 살펴보고 그걸 고려해서 건설해야겠다고 하던데. 오늘 이 글을 보니 꽤나 심각한 문제인 것 같구먼. 맹수를 전시하는 동물원에서 맹수들이 이렇게 싸운다는 걸 사람들이 알면 구경을 오지 않으려고 할 테니까. 사자와 호랑이는 이웃하지 않게 전시하고, 서로 다른 우리를 만들수 있도록 다들 우리 모양을 생각해 보자고"

사장은 동물원을 건설하면서 우리의 모양은 전국에 만들어질 동물원 모두 같은 모양으로 통일을 하라고 했다. 호랑이와 사자는 이웃하면 둘이 으르렁거려 시끄럽기 때문에 관람객들에게 두려움을 줄 수 있으므로 이웃하지 않게 하라고 했다. 사장이 생각하는 우리의 모양은 다음과 같았다.

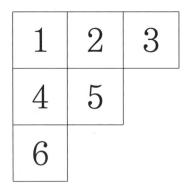

"또 일이 많아지게 생겼군. 동물원 하나면 됐지. 뭘 또 만들려고 하냐고!"

"에이~ 그래도 더 많은 사람들이 구경하면 좋지 뭘 그러세요."

"동물원을 만드는 건 좋다 이거야! 그런데 사자와 호랑이를 이 웃하지 않게 만들라니?"

"그 두 동물을 붙여 놓으면 으르렁거려서 사람들에게 위협감을 준다잖아요. 그럼 사자와 호랑이를 이웃하지 않게 전시할 수 있는 우리는 몇 개까지 만들 수 있는 거죠?"

"글쎄, 그런 것까지 생각해야 하는 거야? 보자⋯⋯. 글쎄 그건 꽤나 어려운 문제인데?"

"그러게요. 그런 모양의 서로 다른 우리를 몇 개나 만들 수 있을까?"

고민하던 직원들은 결국 서로 다른 우리를 몇 개나 만들 수 있 냐고 수학법정에 의뢰하기로 했다.

사자를 1, 2, 3, 4, 5, 6 번 우리에 넣어가며
호랑이가 이웃하지 않을 경우의 수를 구한다.

사자와 호랑이를 이웃하지 않게
전시할 수 있는 우리는 몇 개까지
만들 수 있을까요?
수학법정에서 알아봅시다.

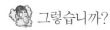 재판을 시작합니다. 6개의 동물 중 사자

와 호랑이를 이웃하지 않게 전시할 수 있

는 우리가 몇 개까지 만들어질 수 있는지

에 대해 궁금해 하는군요. 수치 변호사, 몇 개까지 만들 수 있

겠습니까?

음, 쉽지 않은 문제군요.

그렇습니까?

사자를 1번 우리에 넣으면 호랑이를 3, 5, 6에 넣을 수 있겠군

요. 사자를 2번 우리에 넣으면 호랑이는 4, 6번 우리 밖에 넣

을 수 없을 테고, 3번에 사자를 넣으면 1, 4, 5, 6 호랑이를 세

우리에 넣을 수 있고, 4번 우리에 사자를 넣으면 호랑이는 2,

3번 우리에 들어가고, 5번에 넣으면 호랑이는 1, 3, 6번 우리

에 들어가고, 6번에 넣으면 1, 2, 3, 5번 네 우리에 넣을 수 있

으니까 총 18가지가 되네요. 그 18가지 중에서 각자 4가지 동

물이 여기저기 들어갈 수 있으니까 , 총 72가지 방법으로 우

리를 만들 수 있겠군요.

어쩐 일로 나름대로 정확한 답을 만들어 내셨군요?

186

과학공화국
수학법정 9

저도 할 때는 잘 한답니다. 어때요? 매쓰 변호사, 제 말이 맞지요?

글쎄요, 나름대로 설명을 잘 하신 것 같은데 그보다 많은 방법이 있는 것 같네요.

72가지도 꽤 많은 것 같은데, 그 보다 더 많은 방법이 있습니까?

432가지 정도는 만들 수 있을 것 같은데,

432가지? 말이 됩니까? 억지 부리지 마세요!

가능합니다. 정 못 믿으시겠다면 과학공화국의 이름난 수학자이신 수학으로유명 박사님을 모셔서 설명을 들어 보시죠.

그렇게 합시다. 증인은 증인석으로 나오십시오.

백발의 60대 남성이 증인석으로 나왔다.

박사님, 432가지의 방법으로 우리를 만들 수 있다는 제 말이 맞지요?

네, 맞습니다. 매쓰 변호사가 정확하게 알고 계시네요.

말도 안 됩니다! 어째서 432가지나 된단 말입니까?

이제부터 설명해 드리지요. 호랑이를 1번 우리에 넣으면 사자는 3, 5, 6 중 한 곳에 들어가야 합니다. 그리고 나머지 동물들은 남은 네 개의 우리에 들어가야 하니까 이때의 경우의 수는 $3 \times 4!$ (가지)가 되지요. 같은 방법으로 호랑이를 2, 3, 4, 5, 6번 우리에 넣는 경우의 수를 구하면 $2 \times 4!$, $4 \times 4!$, $2 \times$

4!, 3×4!, 4× 4! 이 됩니다. 이 수들을 모두 합치면 432가지
가 됩니다.

 그렇군요. 매쓰 변호사의 말대로 432가지의 방법이 있다는
말이 사실이었네요. 역시 매쓰 변호사는 수학에 대해 잘 알고
계시군요. 수치 변호사는 조금 더 공부하셔야겠어요. 박사님
의 말을 통해 우리를 만드는 데는 총 432가지의 방법이 있으
므로 동물원에서는 이 방법을 사용해서 각 체인점마다 다른
우리를 사용할 수 있겠습니다.

재판을 통해 우리를 만드는 가짓수가 총 432가지나 된다는 것을
알게 되자 동물원은 각 동물원마다 우리의 모양이 중복되지 않게
많은 체인점을 낼 수 있다고 즐거워했다. 그 후 맹수 동물원은 각
지역마다 여러 개의 체인동물원이 만들어졌고, 지역마다 각각 다
른 특색의 우리를 가진 동물원이라서 더욱 더 유명해졌다고 한다.

팩토리얼의 성질

팩토리얼은 다음과 같이 재미있는 성질이 있다.
$n! = n \times (n-1)!$
이 식에 $n=1$을 넣으면 1! =1이므로 0! =1 이라는 관계를 얻을 수 있다.

잘나가는 게임회사의 부족한 것 한 가지

여섯 개의 계단을 오를 수 있는 경우의 수는 몇 가지나 될까요?

과학공화국의 가장 잘나가는 게임회사에 다니는 박오락 씨와 김승부 씨는 입사 동기로 오랜 친구 사이이다. 그렇게 만난 게 인연이 되어 작년엔 둘이 힘을 합쳐 만든 게임이 대히트를 쳤고, 그 뒤로 회사에선 두 사람을 위한 연구실을 따로 만들어 주었다. 그리고 올해 두 콤비가 힘을 합쳐 또 한번의 대작을 준비하였지만, 게임의 마지막 부분에 가서 계속해서 오류가 나는 바람에 완성을 하지 못하고 있었다.

"이건……이건 바로…….

연구원 한쪽의 박오락 씨는 눈을 희번쩍거리며 웃고 있었고 그 모습을 의아하게 지켜보던 김승부 씨가 말을 걸었다.

"너 갑자기 왜 그래. 무섭잖아."

"하하하하. 어리석은 자들의 오늘이 바로 박오락이 내리는 은총의 날이니, 모두들 기쁘게 맞이하여라. 하하하"

"맨날 연구만 하다 보니까 뇌로 피가 공급이 안 돼? 너 왜 그래?"

"짜식, 내가 드디어 게임을 완성했다는 소리지."

"진짜! 드디어 게임을 완성했구나. 며칠 동안 우리가 얼마나 고생했냐? 만들 때마다 오류나지, 고쳐보려고 하면 또 다른 곳에서 오류나서 손도 못 댔지. 그렇게 고생을 했는데 너 덕분에 드디어 해결됐구나. 장하다 친구야."

"그래? 나한테 고맙지? 그럼, 형이 지금 손이 아파서 그러는데 저기 가서 물 좀 떠오겠니?"

"이게!"

오랫동안 알아온 만큼 스스럼없이 서로를 대하는 두 사람은 서로에게 장난을 치며 게임의 완성을 즐거워하고 있었다. 그렇게 어려운 고비를 넘기고 이제 마지막 마무리를 하고 있던 두 사람을 부른 건 사장이었다. 엄청나게 중요한 일이 아니고서야 사장을 만날 일이 좀처럼 없던 두 사람은 어리둥절해하며 사장의 사무실로 향했다.

"오늘 자네들이 게임을 완성했단 소식은 들었네. 다들 며칠 동안 그걸 해결하기 위해 밤낮없이 매달렸다고 하던데, 정말 수고했네."

"당연해 해야 할 일을 했는데요. 뭘~"

"너 말하는 게 아까랑 다르다? 아까는 나한테 물 좀 한 삽 떠와 보라며 그렇게 자랑을 하더니"

"웃자고 하는 소리지. 하하하"

"자네들 장난기는 여전하구만. 참, 내가 자네들을 사무실로 오라고 한건, 다름이 아니라 자네들이 개발한 게임을 세계 게임대전에 출품을 해볼 생각이네."

"네?"

둘은 동시에 그 자리에서 소리를 질렀다. 그것도 그럴 것이 세계 게임대전이라면 세계 각국의 게임개발자들이 모여서 출품작들을 심사하고 상을 주는 대회이기 때문에 수상을 한다는 것은 게임개발자라면 누구나가 부러워할 영광이었다. 하지만 국제대회인 만큼 철저한 준비와 많은 비용이 들어서 꾸던 두 사람들에게 사장이 그 엄청난 기회를 제공한 것이다.

"저희야 출품하는 것 자체가 영광이지만, 회사에 많은 부담이……."

"그건 걱정하지 말게. 자네들이 만들어 주었던 전작만큼의 재미를 가진 게임이라면 우승은 따 놓은 당상이라고 생각하네. 물론, 회사에선 대회 출전을 위해 많은 돈을 지불해야 하지만 자네들이 어떠한 상이라도 수상을 하게 된다면 그 소식만으로도 게임에 대한 굉장한 광고가 될 것이라고 생각하네. 그런 만큼 게임개발의 마지막 마무리와 대회 출전을 위해 만전을 기해주게."

"네, 알겠습니다!"

두 사람은 사장실을 나오자마자 들뜬 목소리로 서로의 볼을 꼬집어보며 '이게 꿈이야 생시야?' 라는 질문을 했다. 하지만 기쁨도 잠시, 회사에서 출전을 위한 모든 준비를 해주기로 한 마당에 두 사람은 주저할 시간이 없었다. 게임을 마무리 하고 출전 신청서에 작성할 게임에 대한 자세한 내용과 개요를 만들어야 했기 때문이다.

"게임의 스토리 부분은 우리가 오랫동안 생각해 왔던 부분이기 때문에 금방 완성했고, 그리고 게임 제목하고, 참, 우리 게임 용량을 적어야해."

"글쎄, 게임 용량을 알기 위해선 게임을 하는 동안 발생할 수 있는 모든 상황으로 게임을 저장시킨 다음에 그 용량을 다 합해봐야 하는데. 큰일이네."

"하면 되잖아? 뭐 어려운 부분 있어?"

"다른 게 아니라, 우리 게임 마지막 부분에 주인공이 6개 계단 올라가는 장면 있잖아. 거기서 조이스틱 빨간 버튼 누르면 한 칸 올라가고 파란 버튼 누르면 두 칸 오르는데 여길 계산하기가 좀 어려울 것 같아서."

"야 그냥 그거 다 해보면 되잖아!"

"도대체 몇 가지가 나올 줄 알고 다 해보자는 거야."

"야, 그거 뭐…….대충……."

큰 소리를 쳤지만 막상 계산을 해보려니 도대체 몇 가지 상황이 나올지 예상하지 못하는 두 사람이었다. 이렇게 되면 자신들이 바라던 세계게임대전의 참가원서도 못 내보고 꿈을 접어야 하는 일이 발생하게 되는데 걱정만 앞서갔다.

"아참! 나한테 좋은 생각이 있어! 수학법정에 의뢰하는 거지! 마지막에 주인공이 계단 6개를 올라간다. 그런데 빨간 버튼 누르면 한 칸 올라가고 파란 버튼 누르면 두 칸 올라간다. 도대체 발생할 수 있는 경우는 모두 몇 가지인가요? 이렇게 물어보는 거지!"

이렇게 하여 이 문제는 수학법정에서 다루어지게 되었다.

첫 번째 계단을 가는 방법은 한 가지, 두 번째 계단에 가는 방법은
두 가지, 6계단을 오르는 경우까지 따져보면 됩니다.

계단을 오를 수 있는
모든 경우의 수는?
수학법정에서 알아봅시다.

🐑 수치 변호사, 과연 계단을 오를 수 있는
방법은 몇 가지나 될까요?

😀 계단은 6개, 빨간 버튼 누르면 한 칸 올
라가고 파란 버튼 누르면 두 칸 올라간다. 답은 18가지입
니다.

🐑 어째서 18가지가 되지요?

😀 한 칸씩 올라가면 6번 올라가야하고, 두 칸씩 올라가면 3번 올
라가야 하지요. 그러니까 , 18가지 방법이 만들어지는 겁니다.

🐑 네? 그게 맞는 논리인가요?

😀 물론이에요! 18가지에요.

🐑 매쓰 변호사, 18가지 방법이 있다는 수치 변호사의 말을 어
떻게 생각하세요?

😈 18가지는 너무 많은 것 같네요. 저는 아무리 생각해보아도
13가지 이상 나오지 않던데, 수치 변호사는 어떻게 18가지나
생각하셨을까요?

🐑 13가지요? 어떻게 해서 13가지가 되나요?

😈 사실 13가지란 값은 천재대학교 수학과 교수님에게 도움을

청해서 얻은 값입니다. 교수님께 설명을 부탁드리겠습니다.

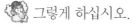 그렇게 하십시오.

키가 작고 왜소한 체격의 한 남자가 증인석으로 나왔다.

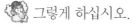 교수님, 어떻게 해서 13가지가 나오는 지 설명해주십시오.

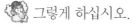 첫 번째 계단에 가는 방법은 한 칸 가는 방법 한 가지입니다. 그리고 두 번째 계단에 가는 방법은 다음 두 경우입니다.

한칸 – 한칸

두칸

그러므로 두 가지가 되지요.

세 번째 계단을 오르는 방법은 다음과 같아요.

한칸 – 한칸 – 한칸

한칸 – 두칸

두칸 – 한칸

그러니까 세 가지 경우가 생기죠.

 그럼 여섯 번째 계단을 오르는 방법은 6가지인가요?

너무 성급하시군요. 네 번째 계단을 오르는 경우를 보죠.

한칸 - 한칸 - 한칸 - 한칸

한칸 - 두칸 - 한칸

한칸 - 한칸 - 두칸

두칸 - 한칸 - 한칸

두칸 - 두칸

즉 다섯가지 경우가 생깁니다. 이런 식으로 따지면 다섯 번째 계단을 오르는 경우는 8가지, 여섯 번째 계단을 오르는 방법은 13가지가 됩니다.

그렇게 해서 13가지가 만들어지는군요. 증인의 말을 들어보니 13가지 방법 그 이상은 없는 것 같은데, 수치 변호사는 어떻게 해서 18가지의 방법이 나올 수 있는지 궁금하네요. 계단을 오를 수 있는 방법이 13가지라는 것이 밝혀졌으니 두 연구원께서는 프로그램의 용량을 측정할 수 있겠네요. 세계 게임 대전에서 좋은 결과 있으시길 바랍니다.

재판이 끝난 후, 계단을 오르는 경우의 수가 13가지라는 것을 알게 되자 두 연구원은 바로 프로그램의 용량을 측정했다. 그 후 당당하게 세계 게임 대전에 게임을 출품하였고, 우수한 성적을 거두어 한국의 게임 문화에도 큰 영향을 끼쳤다.

 계단 문제

한 칸, 두 칸을 오를 수 있는 계단 문제에서 n번째 계단을 오를 수 있는 방법의 수를 a_n이라고 하면 $a_{n+2} = a_n + a_{n+1}$ ($a_1=1$, $a_2=2$, $n≥1$)의 관계가 성립한다.

수학성적 끌어올리기

멍청한 군인 퍼즐

아주 멍청한 군인 여섯 명이 나란히 동쪽을 바라보며 서 있습니다. 소대장님이 '뒤로 돌아!' 하고 구령을 한번씩 할 때마다 매번 그들 중 누군가 다섯 명이 진짜 뒤로 돌고 나머지 한 사람은 한 바퀴를 돕니다. 이제 모두 동쪽을 바라보며 서 있는 이 멍청한 군인 6명에게 소대장님이 계속하여 '뒤로 돌아!'의 구령을 할 때 최소한 몇 번 만에 그들 모두가 서쪽으로 돌아서게 될까요?

병사들이 동쪽을 바라보고 있는 것을 '동', 서쪽을 바로보고 있는 것을 '서' 라고 하면 처음에 병사들은 다음과 같이 서있습니다.

동 동 동 동 동 동

소대장이 한번 구령을 하면 한 사람만 그대로 있습니다. 첫 번째 사람이 그대로 있다고 하면 다음과 같이 됩니다.

동 서 서 서 서 서

두 번째 구령을 할 때는 두 번째 사람이 그대로 있다고 합시다. 그럼 다음과 같이 됩니다.

서 서 동 동 동 동

세 번째 구령을 할 때는 세 번째 사람이 그대로 있다고 합시다. 그럼 다음과 같이 됩니다.

동 동 동 서 서 서

네 번째 구령을 할 때는 네 번째 사람이 그대로 있다고 합시다. 그럼 다음과 같이 됩니다.

서 서 서 서 동 동

다섯 번째 구령을 할 때는 다섯 번째 사람이 그대로 있다고 합시다. 그럼 다음과 같이 됩니다.

동 동 동 동 동 서

여섯 번째 구령을 할 때는 여섯 번째 사람이 그대로 있다고 합시다. 그럼 다음과 같이 됩니다.

서 서 서 서 서 서

그러므로 6번 만에 완전히 반대로 서있게 됩니다.

수학성적 끌어올리기

켜진 전등 퍼즐

학교에는 전등이 모두 50개이고 이들 전등에는 각각 1번부터 50번까지 차례로 번호가 붙어 있습니다. 그리고 현재는 전등이 모두 꺼져 있습니다. 이제 1번 학생부터 50번 학생까지 차례로 복도를 가로질러 자기 번호의 배수가 되는 번호의 전등을 모두 건드리고 지나가는데 꺼져 있는 것은 켜고 켜져 있는 것은 끄고 간다고 합니다. 예를 들어 1번 학생의 경우 현재 전등이 모두 꺼져 있으니 1의 배수가 되는 번호를 가진 전등을 모두 켜놓고 가게 됩니다. 그러면 2번 학생이 와서 2번 배수인 2, 4, 6, … 50번의 전등은 모두 끄고 갑니다. 그러면 3번 학생이 와서 3의 배수인 3, 6, 9, …, 48번의 번호가 붙은 전등의 스위치를 켜진 경우는 끄고, 꺼진 경우는 켜고 갑니다. 그렇다면 50번 학생이 마지막으로 지나간 뒤에 켜져 있게 되는 전등은 모두 몇 개가 될까요?

이 문제는 제곱수의 성질을 이용하면 간단하게 풀립니다. 제곱수는 약수의 개수가 홀수 개입니다. 예를 들어 제곱수인 9는 약수가 1, 3, 9로 약수의 개수가 홀수 개이고 제곱수인 16은 약수의 개수가 1, 2, 4, 8, 16으로 역시 약수의 개수는 홀수 개가 됩니다. 제곱수가 아닌 수는 모두 약수의 개수가 짝수 개입니다. 그러므로 제곱수의 번호를 가진 전등들은 그 번호의 약수에 해당되는 수를 가진 학생들에 의해 홀수 번 건드려지게 되므로 모두 처음과 반대의 경우가 되고 제곱수가 아닌 번호를 가진 전등은 짝수 번 건드려지게 되므로 모두 처음과 같은 상태로 됩니다. 그러므로 처음과 반대로 켜져 있는 전등은 제곱수의 번호를 가진 1번, 4번, 9번, 16번, 25번, 36번, 49번의 7개입니다.

도형 퍼즐에 관한 사건

멋진 계획이군, 지원해줘야겠어

에~

이 계획은 ·····

근데 필요한 도로의 개수는 총 몇 개지?

도시가 6개니까 다섯 개씩 만들면 한 30개쯤 되지 않겠어?

심사위원

4개의 색으로 만들 수 있는
두건이 4개 이상?

4가지 색으로 가능한 색깔 배합은 몇 가지일까요?

수학대학교의 학생들은 올해도 가을 체육대회를
위한 준비가 한창이다. 학과의 명예를 걸고 하는
일이기 때문에 어느 것 하나 소홀히 할 수 없었다.

"이주 후에 체육대회 있는 거 알지? 그래서 우리 학과 티셔츠를
만들려고 하는데 반대하는 사람?"

"학과 티셔츠 없이 어떻게 체육대회를 하냐? 작년에는 그냥 흰
티에 과 이름만 넣었으니까, 이번에는 멀리서 봐도 바로 알아볼
수 있게 좀 튀게 하자."

"그것도 괜찮고, 일단은 아직 확정된 건 없으니까 여기저기서

의견을 좀 모아보고 난 후에 그중에서 괜찮은 걸로 하나를 투표해서 결정하자."

제일 먼저 해야 할 일은 학과 티셔츠를 결정하는 것이었다. 학과 대항 경기가 많아 과 티셔츠는 과의 상징이라고 할 만큼 중요한 것이었고, 과대표는 직접 강의실을 찾아다니면서 선·후배들에게 과 티셔츠에 대한 의견을 물어보고 다녔다.

"선배들이나 후배들한테도 물어봤는데 다들 예쁜 티셔츠를 입자고 했어. 그래서 오늘 저녁에 옷가게 돌아다니면서 괜찮은 디자인으로 몇 개 가져와 볼 테니까 거기서 선택을 해보는 건 어때?"

과대표는 티셔츠를 고르기 위해 여러 옷가게를 들렀지만 자신들이 원하는 디자인을 찾을 수가 없었고 그렇다고 큰돈을 들여 제작을 할 수도 없는 일이어서 고민에 빠지기 시작했다.

"예쁜 게 별로 없네 ……. 디자인 옷이라서 그런지 모두 화려해. 저런 걸로 입으면 학과 티셔츠 같지 않고 평상복 같을 것 같아서 선뜻 마음이 안 내키네."

"나한테 괜찮은 생각 있는데 한번 들어봐. 요즘 리폼이 유행이잖아. 그래서 우리 과에서 미술에 소질 있는 애들 몇 명하고 민무늬 티셔츠를 사서 리폼을 하는 게 어때?"

과대표는 친구의 의견에 공감을 하였다. 저렴한 티를 사서 자신들이 리폼을 해서 과 티셔츠를 만들면 자신들이 원하는 디자인으로 학과 티셔츠를 만들 수 있고 무엇보다 비용이 저렴해서 괜찮을 거라고 생각했다. 리폼을 하기로 결정한 과대표는 리폼을 해줄 사람을 찾고 있다가 고등학교 시절 미술을 전공한 후배에게 부탁하기로 했다.

"민희야, 너 옛날에 미술 잠깐 하다가 관뒀다고 그랬지? 우리 학과 티셔츠를 요번엔 좀 색다르게 해볼까 하다가 리폼을 한번 해보기로 했거든. 티셔츠에 통일감 있게 글씨나 뭐 그런 것 좀 넣고 이래저래 손 좀 보면 시간은 걸려도 꽤 괜찮은 티셔츠가 나올 수 있을 것 같은데 도와줄래?"

"그래요? 괜찮은 아이디어 같아요. 도와드릴게요."

과대표의 걱정과 달리 민희는 흔쾌히 승낙해 주었고 이제 하루 빨리 학과 티셔츠를 만들어 사람들에게 보여주고 의견을 들을 일만 남게 되었다.

"이정도면 어때요?"

"우와~ 예쁘다! 너 미술 좀 했다고 하더니 보통 솜씨가 아니다. 너 계속 미술해서 우리 과 안 왔으면 어쩔 뻔했어! 진짜 예뻐. 일단은 한 두어 가지만 더 만들어서 애들한테 보여주고 반응이 괜찮으면 그중 다수결로 결정하자.

생각보다 훨씬 예쁘게 만들어진 티셔츠에 모두들 만족했고, 마침 오늘 있을 수업에 가지고 가서 다른 사람들의 의견을 듣기로 결정했다.

"예쁘지? 이거 민희가 만든 거야. 일단은 고생해 준 민희를 위해 박수! 이렇게 반응이 좋으니까 다들 리폼한 티셔츠에 동의한 걸로 알게."

대부분의 사람들이 티셔츠를 마음에 들어 했다.

"과대! 그런데 리폼한 티셔츠가 예쁘긴 한데 우리 과라고 바로 알아볼 수 있는 것을 더 추가했으면 하는데, 티셔츠로만 하기엔 조금 부족한 거 같아."

"그렇지? 그래서 내가 생각해 둔 게 있는데 두건 어때? 두건의 색을 조금 다르게 해서 만들면 다양해서 예쁘기도 할 것 같고, 두건을 맞추는 학과는 없으니까 우리 과라는 것도 바로 알 수 있을 것 같고, 어때?"

모두들 과대표의 의견에 동의하였고 디자인은 자신이 생각해 둔 게 있어 일사천리로 진행되었다. 과대표는 두건을 만들기 위해 이곳저곳을 알아보고 다녔다.

"안녕하세요. 단체로 두건을 맞추려고 하는데, 색을 좀 다양하게 만들고 싶어서 그러거든요. 도안을 그려왔는데, 이렇게 만들어주세요. 그리고 4가지 색으로 두건 색을 채워주시는데요. 4가지 색으로 모든 가능한 색깔 배합으로 다 만들어주세요."

"그럼, 이틀 뒤에 찾으러 오세요."

다양한 색을 섞어서 만들게 되면 그만큼 다양한 두건을 만들 수 있어서 학과 사람들의 다양한 취향에 맞출 수 있을 것이라고 생각했다.

"이제 체육대회 준비는 거의 끝나가는 건가? 티셔츠는 다 만들었고, 모두 나눠줬으니 됐고, 두건은 지금 작업 중이니까 오는 대로 나눠주면 되고."

"올해 준비가 유난히 힘들었던 것 같아. 티셔츠도 리폼한 거여서 시간이 꽤나 걸렸고, 거기다 두건까지 맞추느라 신경 좀 쓰였잖아."

드디어 두건을 찾으러 가는 날, 모두들 두건만 처리하게 되면 모든 준비가 끝나기 때문에 제대로 된 두건이 한번에 나오기를 기대하고 있었다.

"아저씨 두건 찾으러 왔어요."

"안 그래도 기다리고 있었어. 전에 4가지 색으로 만들 수 있는 모든 색의 두건으로 만들어 달라고 했었지? 자 여기 4가지 만들었어."

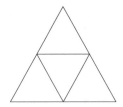

"네? 아저씨 4가지색을 사용해서 저 삼각형 각각을 채우면 훨씬 많은 색의 두건을 만드실 수 있었을 텐데 왜 4가지만 만들어 놓으셨어요!"

오늘로 지긋지긋한 체육대회 준비를 마칠 수 있을 것이라는 기대와는 달리 두건은 제대로 만들어지지 않았고 아저씨는 더 이상 나올 수 있는 색이 어디 있느냐면서 오히려 따지기 시작했다. 그래서 이 사건은 수학법정에서 다루게 되었다.

한 곳에 4가지 색을 칠할 수 있다고 하고
나머지 세 곳의 색을 칠하는 경우의 수를 곱하면 됩니다.

4가지 색의 조합으로 만들 수 있는
두건의 수는 과연 몇 개일까?
수학법정에서 알아봅시다.

재판을 시작합니다. 원고 측 먼저 변론해
주세요.

피고 측에서는 원고에게 4개의 삼각형이
붙어있는 도안을 만들어서 4개의 삼각형 안에 들어갈 수 있
는 4가지 색의 조합으로 만들 수 있는 두건의 모든 가지 수를
만들어달라고 했습니다. 그래서 원고는 4가지의 방법을 사용
할 수 있었고, 만들어 주었지요. 4가지 색의 조합으로 만들
수 있는 두건이 4가지 외에 뭐가 더 있습니까? 그런데 학생
들은 왜 더 만들지 못했느냐고 투덜거렸지요. 더 이상 어떻게
만든단 말입니까?

더 만들 수 없을까요?

당연하죠!

만약 또 다른 방법이 있다면요? 그러니 학생들이 투덜대지
않았을까요?

그럼 자기들이 직접 만들지, 왜 주문을 하는 거야.

네? 원고 측 변호사는 좀 진정할 필요가 있는 것 같습니다.
피고 측 변론하십시오.

 정말 4가지 밖에 방법이 없는 것인지 확실히 알아보기 위해 수학대학교 수학과 교수님이신 수학이제일 씨를 증인으로 요청합니다.

학생들이 학과 티셔츠로 맞춘 티를 입었지만, 얼굴은 학생 같아 보이지 않는 한 남자가 증인석으로 나왔다.

 이번 사건에 대해 어떻게 생각하십니까?

 두건은 총 8가지가 만들어질 수 있습니다.

 그건 왜죠?

 우선 그림을 보죠.

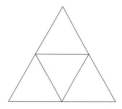

가운데 칠할 수 있는 색깔은 모두 4가지입니다.

 그럼 나머지 세 곳은요?

 나머지 세 곳에 세 가지 색깔을 칠하는 방법은 3개가 원순열을 이루게 됩니다. 그러므로 그 경우의 수는 $(3-1)! = 2$가지가 됩니다. 그러므로 전체 경우의 수는 $4 \times 2 = 8$가지가 되는 거죠.

🧑 간단하군요. 그럼 판사님 판결 부탁해요.

👩 판결합니다. 증인의 증언을 통해 두건을 만들 수 있는 방법은 총 8가지가 있다는 것을 알 수 있습니다. 8가지나 만들 수 있었는데 4가지 밖에 만들지 못한 원고를 보고 학생들은 충분히 투덜거릴 수 있었던 것 같네요. 이제 방법이 4가지나 더 있다는 것을 알았으니 원고는 속히 4가지를 더 만들어 체육 대회 날에 예쁜 두건을 사용할 수 있도록 해 주십시오.

재판이 끝난 후, 두건을 만드는 방법이 8가지가 된다는 것을 알게 되자 신속히 4가지의 두건을 더 만들었다. 결국 체육 대회 때 8가지 종류의 두건을 모두 사용할 수 있었다. 그 날 사용한 여러 종류의 두건은 수학과를 대표하는 마스코트가 되어 다음 해, 그다음 해 체육대회 때도 수학과의 여러 종류의 두건은 항상 이슈가 되었다.

 원순열 응용

부모를 포함한 7인 가족이 원탁에 앉을 때 부모가 이웃하여 앉는 방법의 수는 부모를 한 묶음으로 생각하고 나머지 식구는 5명이므로 우선 6명을 원탁에 배열하는 경우가 되어 (6-1)!이 된다. 부모가 자리를 바꿀 수 있고 그 경우의 수는 2가지이므로 구하는 경우의 수는 (6-1)!×2=240 가지이다.

꼼꼼 씨의 꼼꼼한 문제

꼼꼼 씨는 지구의 반지름을 모르고도 문제를 풀 수 있을까요?

사건속으로

"5, 4, 3, 2, 1. 드디어 정확히 30분이 지났군. 여보, 약 먹게 물 좀 가져다 줘요."

"그냥 대충 먹으면 되지. 꼭 그렇게 30분을 정확하게 재야해요?"

"모르는 소리. 의사나 약사들이 괜히 식후 30분 뒤에 먹으라는 것 같아요? 이유가 있으니까 다 그러는 거예요."

"그래도 당신처럼 초까지 재가면서 30분을 정확히 맞추는 사람은 이 세상에 없을 걸요?"

"아무리 그래도 세상에 딱 한 명은 있잖아! 바로 나! 하하하"

꼼꼼 씨는 이 세상에 모든 건 완벽하고 딱 맞아 떨어져야 한다고 생각하는 사람이다. 항상 뭘 해도 정확하게 시간을 재고, 용량도 규격에 꼭 맞게 해야 직성이 풀리는 꼼꼼 씨는 항상 부인으로부터 핀잔을 듣곤 하지만 신경 쓰지 않았다.

"앞에 가는 아줌마 머리가 유난히 뽀글대는군. 아~ 마치 잘 익은 라면을 얹어 놓은 것 같아. 나에게 라면을 먹고 싶게 만드는 영감을 주는 머리야. 오늘은 저녁에 가서 라면을 먹어야겠어."

회사에서 집으로 퇴근하던 꼼꼼 씨는 무척이나 허기가 졌다. 때마침 파마한 아주머니의 머리 모양을 보며 라면이 떠오른 꼼꼼 씨는 집에 가서 라면을 끓여먹을 결심을 하고 집 앞 슈퍼에 들러 라면 한 봉지를 샀다.

"라면을 끓여보는 게 참으로 오랜만이군. 그럼 어디 한번 시작해 볼까? 물의 양을 어떻게 맞춰야 할지 난감하네. 아, 여기 설명서가 있군. 800cc인 물 컵의 8컵 정도를 넣으라고? 세상에 얼마나 종류가 다양한 컵들이 있는데 도대체 어느 정도 크기의 물 컵으로 8컵을 맞춰야 하는 건지 알 수가 없군. 내 인생에서 이렇게 정확하지 않고 모든 조건이 충분하지 않은 라면은 끓일 수 없어."

늦게까지 일을 마치고 집에 돌아와 라면을 먹고 쉬려고 했다. 라면 포장지의 설명이 정확하지 않아서 꼼꼼 씨는 라면을 끓일 수 없었다. 결국 그는 저녁을 거르고 텔레비전 앞에 앉아 퀴즈프로그램을 보기 시작했다.

"첫 번째 문제 시작합니다. 제주도 사투리인 '혼자옵서'는 무슨 뜻인가?"

"어서 오세요!"

이제 막 시작한 퀴즈프로그램의 문제를 풀어나가던 꼼꼼 씨는 계속되는 문제를 연이어 대답하며 모든 정답을 다 맞춰나갔다.

"페가수스, 플럭서스, 파가니니, 똘레랑스 이거 뭐야. 내가 나갔으면 바로 퀴즈의 달인이 되는 거였잖아? 나 왜 이렇게 똑똑하지? 하하하하. 하여튼 신은 공평하지 않다니까. 날 봐, 이렇게 완벽해서 어째!"

배가 고프고 혼자서 TV를 보던 자신의 신세가 처량해 조금 우울해지려던 차에 꼼꼼 씨는 거침없이 정답을 말하는 자신에게 놀라며 마음속으로 퀴즈프로에 참가 신청을 해볼까 하고 생각했다.

"아니, 이렇게 집에서 혼자 좋아할 게 아니라 한번 도전을 해봐야겠어. 상금도 어마어마한데다가 혹시라도 내가 퀴즈달인이 되기라도 하면! 도전해서 실패하게 된다고 해도, 그동안 공부했던 시간이 조금 아까울 뿐이지 딱히 손해 보는 것도 없잖아."

집에서 텔레비전을 보며 문제를 맞히던 자신이라면 1등은 따 놓은 당상이라고 생각한 꼼꼼 씨는 드디어 예선을 통과하고 본선인 텔레비전무대에 올랐다.

'169회 퀴즈 달인을 향해서!' 시작하겠습니다. 오늘도 전국 각지에서 수많은 도전자들이 출사표를 내주셨는데요. 그중에서 첫 번째 참가자는 수학공화국의 너무 꼼꼼한 남자 꼼꼼 씨입니다. 나와 주세요!"

"안녕하세요. 수학공화국의 꼼꼼해서 아름다운 남자 꼼꼼입니다."

"하하하. 재치 있는 소개만큼이나 오늘 문제 역시 명쾌하게 풀어주시기 바랍니다. 그럼 출발합니다."

역시나 그의 실력은 대단했다. 오답 없이 1차와 2차 문제를 풀었고 가장 먼저 최종문제에 도전할 수 있는 기회까지 얻었다.

"와우. 드디어 달인°으로 가실 수 있는 마지막 퀴즈만을 남겨두고 있습니다. 이 문제만 맞추시면 드디어 달인의 퀴즈에 도전할 수 있는 기회가 생기는데요. 지금 기분이 어떠십니까?"

"마치, 내일 제대를 앞 둔 말년 병장의 심정이랄까요. 굉장히 떨리네요."

"그럼 마지막 문제 제시어 골라 주시죠. 과학, 사회, 수학. 이렇게 남아있습니다. 여기서 재미있는 통계가 하나 있습니다. 수학을 골라 주셨던 분들은 90%이상이 달인의 퀴즈에 도전하실 수 있는 기회를 얻으셨다는 것입니다. 수학은 어렵다고들 생각하시는데 저희 프로그램 나오시는 분들께서는 그렇지 않았나 봅니다. 하하하."

"그런가요? 그럼 저도 수학 선택하겠습니다."

"네. 수학문제 나갑니다. 지구 적도를 따라 줄로 한 바퀴를 돌려 감았다. 이 줄을 1미터 더 높게 들어 올려서 한 바퀴를 감으려면 얼마의 줄이 더 필요한가?"

"음……이건 문제에서 알려주셔야 할 조건이 하나 빠진 것 같습니다."

두 사람은 서서히 티격태격하기 시작했다. 꼼꼼 씨는 퀴즈달인이 될 기회인데다가, 완벽하고 철저하게 모든 걸 준비하는 성격상 이 문제를 그냥 넘길 수 없었다.

"저희는 문제를 만드는 출제위원들이 따로 계십니다. 틀린 문제란 있을 수가 없습니다. 꼼꼼 씨가 뭔가를 착각하신 건 아닌가 하는 생각이 듭니다."

"저같이 꼼꼼한 사람이 착각 같은 실수를 할 리가 없죠. 이 문제는 반지름을 알아야 풀 수가 있습니다."

"그건 필요 없습니다. 저희는 언제나 완벽한 문제를 만듭니다."

문제가 이상하다며 문제 풀기를 거부하는 꼼꼼 씨와 퀴즈 프로그램의 진행자, 둘 다 자신의 주장을 굽히지 않고 방송은 거기서 중단이 되었다. 방송 망친 관계자와 퀴즈달인 기회를 눈앞에서 놓쳐버린 꼼꼼 씨는 결국 방송국을 수학법정에 고소했다.

반지름의 길이를 r이라고 하고 적도에서 1m위의 거리와
적도둘레의 길이를 빼면 반지름의 길이는 소거되어 2π만 남게 됩니다.

꼼꼼 씨가 풀지 못한 문제는 엉터리일까요?
수학법정에서 알아봅시다.

 재판을 시작합니다. 먼저 원고 측 변론하세요.

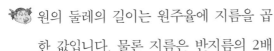 원의 둘레의 길이는 원주율에 지름을 곱한 값입니다. 물론 지름은 반지름의 2배이고요. 그러므로 이번 문제처럼 지구를 에워싸는 줄의 길이를 결정하는 문제에서는 지구의 반지름을 알려주어야 문제가 성립합니다. 보통 문제 이상이라는 것은 꼭 필요한 조건을 빼먹는 경우인데, 이 경우는 그 조건이 바로 반지름이지요. 그러므로 본 변호사는 이번 문제가 누구도 풀 수 없는 문제라고 생각합니다.

 피고 측 변론하세요.

 이번 문제를 출제한 김수학 박사를 증인으로 요청합니다.

  검은 눈썹에 눈이 부리부리한 40대의 남자가 증인석으로 들어왔다.

 이번 문제가 풀 수 없는 문제인가요?

 아닙니다. 누구나 풀 수 있습니다.

반지름을 모르잖아요?

이 문제를 푸는 데 반지름의 길이는 아무 필요 없습니다.

왜죠?

예를 들어 반지름의 길이를 r이라고 하지요. 그럼 처음에 적도를 한 바퀴 둘러싸는데 필요한 줄의 길이는 반지름이 r인 원둘레의 길이이므로 2πr이 됩니다. 그리고 만일 모든 곳에서 1미터의 틈이 생긴다면 이때 줄의 길이는 반지름이 r+1인 원의 둘레의 길이가 되므로 2π(r+1)이 됩니다. 그러므로 더 필요한 줄의 길이는 2π(r+1) - 2πr = 2π ≒ 6.28(m) 가 되어 반지름과는 아무 관계없이 결정되지요.

판결은 끝난 것 같군요. 피고측 증인이 계산을 통해 보여주었듯이 이 문제에서는 지구의 반지름의 길이를 알 필요 없으므로 꼼꼼 씨의 주장은 의미가 없다고 판결합니다.

재판 후 꼼꼼 씨는 잠깐 방황에 빠졌지만 곧 자신의 수학 실력이 부족함을 인정하고 수학 공부에 전보다 더 박차를 가했다.

 원의 넓이와 원둘레의 길이

반지름이 r인 원의 둘레의 길이는 2πr이고 이 원의 넓이는 $πr^2$이다. 원의 넓이를 최초로 계산한 사람은 기원전 그리스의 아르키메데스이다.

도로의 개수를 몰라 좌절한 사연

6개의 도시 사이를 모두 잇기 위해 몇 개의 도로가 필요할까요?

사건속으로

수학시의 시장은 요즘 큰 고민에 빠졌다. 작년에 큰돈을 들여 도시 6개를 건설하였는데 사람들이 도시를 이용할 생각을 하지 않아서 큰 적자를 보고 있었기 때문이다.

"도시를 만들어 놨는데, 왜 사람들이 도시에 들어와서 살 생각을 안 하는 걸까? 작년 예산을 거의 썼다고 해도 과언이 아닐 정도인데……. 이렇게 되면 시 운영에 큰 차질이 생길 정도야."

"제 생각에는 아무래도 도로 문제 때문이 아닐까 싶습니다. 아직까지 제대로 된 도로가 없기 때문에 특히나 출·퇴근을 해야 하는 사람들에게는 더욱 불편할 것 같습니다."

"도시를 연결하는 도로가 없어서 사람들이 도시에서 살 생각을 안 하는군. 뭔가 대책이 있어야 할 것 같은데 좋은 방법 어디 없겠나?"

"네, 시장님. 저한테 좋은 생각이 하나 있습니다. 다음 달 국가 예산에서 낙후 지역의 도로 개설에 대한 예산 심사가 이루어진다고 합니다. 저희도 신청해보는 것이 어떨까요?"

"예산심사라, 참 좋은 기회가 되겠어. 일단은 한번 알아보게나. 어떻게 진행을 할 것인가에 대해서."

시장은 남은 예산이 없어서 고민하던 차에, 국가 예산을 받을 수 있는 좋은 기회가 생기자 이 기회를 꼭 잡아 자신이 만든 6개의 도시를 활성화시키겠다고 마음을 먹었다.

"네, 시장님. 3주 뒤에 심사가 이루어지고 심사는 각자가 자신의 도시에 도로가 필요한 이유를 가지고 발표 한 다음에 가장 타당한 이유를 가지고 있는 도시가 결정 된다고 합니다. 저희도 어서 전문가 집단을 구성해서 준비를 해야 할 것 같습니다."

시장은 비서가 알려준 대로 대학의 교수와 분야의 유명한 전문가 집단을 구성하여 도시의 활성화 방안과 도로를 연결하여 국가 예산을 받을 수 있는 계획에 착수했다. 그리고 주어진 3주간 조사하여 타당한 이유와 함께 발표 자료를 만들었고, 조사단 중 2명이 예산 심사 때의 발표를 맡았다.

"저희는 황무지처럼 버려져 있는 땅을 이용해서 새로운 개념의 도시를 만들었습니다. 아주 작은 마을 6개가 정육각형을 이루며 통합 도시 하나를 구성하고, 각각의 마을은 교육, 문화, 쇼핑 등 특정한 목적을 가지고 기능할 수 있도록 만들었습니다. 그러나 6개 도시를 연결해주는 도로가 빈약하여 각 도시들의 역할이 제대로 이루어지지 않고 있고, 현재 거주 하고 있는 사람들조차도 이사를 고려하고 있습니다."

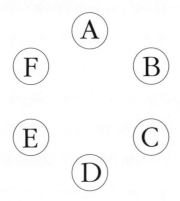

"네, 거기다 당초 수학시는 각각의 기능을 가진 마을 간의 교류로 엄청난 시너지 효과를 누릴 수 있을 거라 예상했는데, 6개 도시를 연결해주는 도로가 미비하여 각각의 도시가 오히려 절름발이처럼 특정 기능이 무너진 상태가 되었습니다."

"저희에게 예산이 있다면 몇 배의 효과를 내면서 주거자들의 삶의 질을 향상시키고, 6개 도시의 연계를 통해서 국가 수입도 늘릴 수 있을 거라고 확신합니다."

두 사람의 발표는 성공적이었다. 발표를 하는 동안 심사위원단들은 그들의 발표에 공감한 듯 계속 고개를 끄덕였고, 발표자들역시 자신들의 완벽한 조사와 발표에 뿌듯해했다.

"특성화된 6개 도시라, 꼭 도로가 필요한 지역 같군. 일단 심사위원단들의 최종 토의가 있은 후 발표를 할 테니까 그때 확정하겠습니다."

최종 발표는 심사위원단들의 1시간 동안 자체 회의를 거쳐 드디어 결정했고, 전국 각지에서 예산을 받기 위해 몰려든 사람들 앞에서 바로 발표하기로 했다.

"최종 확정지는, 6개 도시를 연결할 도로가 필요한 수학시로 결정 되었습니다. 수학시의 발표자 분들께서는 나와서, 예산으로 필요한 금액이 얼마인지와 구체적으로 도로를 몇 개 건설할 것인지를 발표해 주십시오."

두 사람은 자신들이 해낸 일에 기뻐했고, 어서 수학시로 돌아가사람들에게 이 기쁜 소식을 알려주고 싶어했다. 하지만 발표 준비에만 신경 쓴 나머지 심사위원의 돌발 질문에는 준비를 못했던 두사람은 많은 사람들과 심사위원단 앞에서 무척이나 당황해하고있었다.

"어쩌죠? 저희는 그것까지 준비 못했잖아요."

"어쩔 수 없지, 예산은 6개 도시 각자가 빠짐없이 연결을 해야하는 도로의 건설 비용이니까, 도로가 몇 개가 필요한지 알면 계산이 될 것 같은데, 음."

"실장님! 어서 계산해보세요. 빨리 나오라고 난리예요."

"나 학교 다닐 때 수학 진짜 못했단 말이야! 나보고 어쩌라고!"

둘은 당황하여 아무 말도 못한 채 그렇게 서있었고 심사위원단 측에서 빨리 대답해 달라며 두 사람을 재촉하기 시작했다.

"저기……. 수학시 발표자분들? 어서 나와 주세요."

"네……. 그게 저희가 거기까지는 아직 조사를 해보지 못해서. 죄송합니다. 하지만 차후 빠른 시일 내에 서면으로 제출하도록 하겠습니다."

둘의 대답하는 모습은 발표할 때와 상반된 자신 없는 말투였고, 심사위원단은 자신들이 잘못된 선택을 한 것이 아닌가하고 고민하기 시작했다.

"아니……. 국가의 예산을 받으러 오신 분들이 돈이 얼마가 필요한지, 도로가 몇 개가 필요한지도 모르는 게 말이 됩니까? 안 그래도 국가 예산이 쓸데없이 낭비된다고 해서 국민들의 심기가 불편한 때에 말입니다."

"그럼 일단은 최종 확정되었단 말을 취소하겠습니다. 이렇게 준비가 철저하지 못한 수학시 분들에게는 조금 과분한 예산이 아닌가 싶습니다. 그럼 오늘은 여기까지."

결국 예산을 눈앞에서 놓친 두 사람, 한 순간에 천당과 지옥을 오고 간 두 사람은 결과를 기다리고 있을 수학시 사람들을 볼 면

목이 없었다. 더군다나 자신들의 준비가 미숙해서 벌어진 일이라 더욱 그러했다.

"시장님 얼굴을 어떻게 보지? 6개 도시를 모두 연결할 도로의 개수를 알아내지 못해 최종 확정에서 취소되었다고 하면, 앞으로 우린 살아남지 못할 거야."

"실장님~엉엉."

수학시로 돌아와 자초지종을 털어 놓았지만 시장은 두 사람을 해고했고, 그 소식을 들은 수학시의 사람들 역시 두 사람이 무능해서 예산을 받지 못했다며 여기저기서 그들을 비난하였다. 건설한 도로가 몇 개인지만 알아냈으면 지금쯤 예산을 받아 공사를 진행하고 있었을 거라며 신세를 한탄하던 두 사람은 자신들의 무죄를 주장하며 수학법정에 도움을 청했다.

A에서 B로가는 도로와 B에서 A로 가는 도로는 같으므로
두 번씩 헤아린 다리의 갯수를 기억합니다.

여기는 수학법정

6개 도시를 모두 연결할
도로의 개수는 몇 개일까요?
수학법정에서 알아봅시다.

재판을 시작합니다. 피고는 낙후지역의
도로 개설 비용을 지원해주는 국가예산심
사를 받게 되었습니다. 피고가 사는 도시
에 새로운 6개의 도시를 만들었으나, 각 도시들을 이을 도로
가 없었기 때문이지요. 두 달에 걸쳐 예산 심사 준비하여 피
고의 시는 예산을 지원받을 수 있었습니다. 그런데 예산을 지
원하기 위해 심사위원들이 수학시에 몇 개의 도로 개설이 필
요한지에 대해 물었으나, 피고는 대답하지 못했습니다. 결국
도로를 짓는데 필요한 예산을 지원받지 못하게 되었습니다.
피고가 대답해야 했던 도로의 수는 몇 개였는지 변호사들께
서 알려주시죠.

6개의 도로를 잇는 것으로 계산해서 36개가 필요하지 않을
까요?

36개요? 그렇게나 많이 필요했을까요?

모두 다 이어야 되므로 36개가 확실해요.

잘 알겠습니다. 그렇다면 매쓰 변호사는 어떻게 생각하세요?

36개나 필요하다는 건 너무 많다는 생각이 드네요. 자세한

대답을 위해서 도로공사 소장님이신 도로만들어 씨를 증인으
로 요청합니다.

작업용 안전 모자를 쓰고 작업복을 입은 한 남자가
증인석으로 나왔다.

 6개 도시 사이의 도로는 몇 개가 되어야 하죠?

A도시에서 다른 도시로 만들어야하는 도로는 5개입니다.

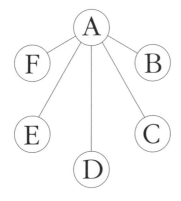

그럼 도시가 6개이니까 각 도시에서 다른 도시로 연결되는
도로를 모두 합치면 $5 \times 6 = 30$개가 되겠군요.

그것을 2로 나누어야 합니다.

그건 왜죠?

위 그림에서 A와 D사이의 도로는 A에서 시작한 도로에도 D
에서 시작한 도로에도 포함됩니다. 이렇게 헤아린 모든 도로

들은 두 번씩 헤아려졌기 때문에 2로 나눈 값 15개가 실제로
필요한 도로의 개수입니다.

 그렇군요. 판사님 이해가 되시죠?

잘 이해했어요. 그렇다면 수학을 이용하면 도로의 개수를 정
확하게 구할 수 있군요. 그러므로 이번 해고는 확실한 수학적
근거를 바탕으로 결정된 것이라 여겨집니다. 하지만 인간적
인 노사관계를 위해서는 대화를 통해 좀 더 좋은 결정을 내리
시기 바랍니다.

재판이 끝난 후 수학시의 시장은 두 사람에게 한번 더 기회를
주었고 두 사람은 완벽한 도로 기획안을 냈다. 그러자 정부에서는
취소했던 예산 지원을 원래대로 지원해 주기로 했다. 그 후 수학
시는 속히 도로를 개설하여 6개의 도시를 이었다. 얼마 후 수학시
는 교육, 문화, 쇼핑 등 모든 분야에 거쳐 활성화 된 도시로 이름을
널리 알리게 되었다.

 경로문제

5개의 역이 있는 철도회사에서 출발 역과 도착 역을 명기한 차표는 20종류이다. 왜 그런지 보자. 예
를 들어 다섯 개의 역이 서울, 대전, 대구, 부산, 진주라고 해 보자. 그럼 〈진주→서울〉 과 〈서울→진
주〉 는 다른 표이므로 5개중 2개를 택해 순서대로 배열하는 방법의 수가 답이다.
그러니까 $_5P_2 = 5 \times 4 = 20$종류의 표를 준비해야한다

과학공화국
수학법정 9

G와 다른
G사이에는 연결할 수
없으므로, 4장의 편도권
은 사용할 수 없죠.

수학법정 21 22 기찻길 퍼즐

승차권의 개수

7개 도시로 가는 편도 승차권을 몇 개나 만들어야 할까요?

사건속으로

최근 철도청은 새로운 기찻길을 만드는 프로젝트에 모든 관심을 쏟고 있다. 그것은 바로 과학공화국의 발달을 책임질 관광기찻길 건설 프로젝트이다. 기차여행을 하고 싶은 사람들을 위해 저렴한 가격으로 코스별 관광을 준비한 관광상품이 될 것이므로, 어쩌면 많은 관심을 받고 있는 것도 당연했다. 그러나 제일 중요한 기찻길 코스는 아직 정하지 않았다. 그래서 관계자들이 모여 어떤 코스로 기찻길을 건설해야 할지 의논했다.

"자, 그럼 어떤 도시를 거칠지 생각해 봅시다."

4장_도형퍼즐에 관한 사건 233

회의의 진행자가 웅성거리던 사람들을 집중하게 했다.

"저는 쇼핑몰이 몰려있는 젊은이의 도시 다써라시에서 출발했으면 좋겠습니다. 그곳이 과학공화국의 가장 중심이고, 주위에 터미널도 많아 사람들의 교통에 편리할 것입니다."

시간이 지나면서 사람들은 저마다 자신의 생각을 얘기했고, 어느 정도의 철도노선이 그려졌다. 사람들의 동의에 따라 쇼핑몰이 있는 다써라시에서 출발해, 유명한 맛집이 많은 먹어라시, 그리고 패션의 도시인 입어라시, 다음 코스로 방송국이 많은 웃어라시를 지나기로 했다. 하지만 웃어라시에서 다음 코스를 정할 때 사람들의 의견이 나뉘어졌다.

"앞의 네 도시를 거쳤으면 거의 기차여행이 끝나지 않았나요? 그러면 고속도로로 빠지는 차타라시로 바로 빠져나가게 하면 사람들이 집으로 돌아갈 때 편할 텐데요."

"하지만 수목원이 있는 숨쉬라시를 지나 사람들의 숙박시설을 책임지는 잠들라시로 빠져나가는 길에 기찻길을 두면 더 많은 여행코스를 제공할 수 있어요"

사람들은 웃어라시에서 갈리는 두 길을 두고 많은 의견을 교환했다. 하지만 두 의견 모두 팽팽하게 맞서서 어느 한쪽이 우세할 기미가 보이지 않았다. 그때 회의 진행자가 방법을 제안했다.

"그럼 두 가지 길을 다 만들도록 하지요. 앞의 도시들이 비교적 가깝기 때문에 기찻길을 만드는 예산에는 별 무리가 없을 것으로 보입니다."

"그거 좋습니다!"

사람들은 두 길을 나눠서 만들자는 진행자의 의견에 동의했다. 그래서 결국 나눈 두 길까지 해서 기차가 지날 코스를 정했다.

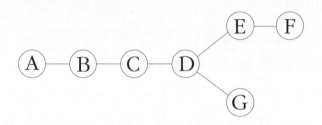

여행객들은 차타라시에서 원하는 방향으로 가는 기차를 타기만 하면 되는 것이었다. 그리고 조금의 지체도 없이 곧바로 건설에 들어갔다. 그리고 이제 남은 것은 기차를 탈 승차권을 만드는 일 밖에 남지 않았다.

"그럼 기찻길이 거의 다 만들어 졌으니 승차권을 만들도록 하게나."

"왕복으로 할까요?"

"아니, 기차를 계속 타고 있는 게 아니라, 원하는 도시에서 내려서 관광을 하고, 또 다시 다음 코스로 가는 기차를 탈거니깐 그냥 편도로만 하자고. 왕복에 맞춰서 돌아가기 보다는 자신이 원할 때, 원하는 곳으로 가는 기차를 타도록 말이야."

"네."

철도청 총책임자에게서 승차권을 만들라는 임무를 맡은 칙칙폭 씨는 이제 막 입사한 말단 직원이었다. 그래서 이 프로젝트의 가장 마지막 일인 승차권을 만들어 오라는 임무를 맡게 되었다. 일단 시킨 일이라 하겠다고는 했지만 어디로 가서 승차권을 만드는지도 모르고 있었다. 그렇게 철도청 주위를 서성거릴 때 멀리 인쇄 가게를 발견했다.

"여기 혹시 승차권도 인쇄하나요?"

"승차권이요? 한번도 해본 적 없는데……"

칙칙폭 씨는 한번도 해본 적 없다는 말에 기대에 부풀었던 가슴에서 큰 한숨이 새어나왔다. 아직 말단 직원이라 다른 직원들에게 물어보는 것도 큰 실례가 될 것 같아 다시 인쇄 가게를 돌아다닐 생각이었다.

"승차권은 족히 1000장 넘게 인쇄해야 할 텐데, 이를 어디서 인쇄한담."

칙칙폭 씨가 작은 목소리로 그렇게 말하고 나가려는 순간, 인쇄 가게 주인인 찍어내 씨가 나가려던 칙칙폭 씨의 팔을 잡았다.

"1000장이라 하셨습니까?"

요즘 너무 장사가 되지 않아 가게를 닫을까 고민 중이었던 찍어내 씨가 어둠 속에서 빛을 본 표정으로 말했다. 아직 한번도 승차권을 인쇄한 적은 없었지만, 충분히 할 수 있다고 생각하고 칙칙폭 씨에게 말했다.

"그럼 저희에게 맡겨 주세요. 저희가 승차권 인쇄를 맡겠습니다."

그렇게 자신 있게 말하는 찍어내 씨를 보며 칙칙폭 씨는 찍어내 씨 인쇄 가게에서 승차권 인쇄를 맡겼다. 그리고 기찻길이 생기는 도시를 그려놓은 노선을 주면서 말했다.

"네, 승차권 모두 편도로 만들어 주세요. 그리고 일단 각 100장씩만 인쇄해 주세요"

"알겠습니다. 각 100장이라……"

칙칙폭 씨는 자신의 임무가 끝난 것 같아 후련한 마음으로 회사로 돌아왔다. 인쇄를 맡겼냐는 철도청 총책임자의 말에 칙칙폭 씨는 자신 있게 일을 수행했다고 대답했다. 그러나 찍어내 씨의 사정은 달랐다. 처음으로 맡은 승차권 인쇄여서 그런지 철도 노선을 처음 본 것이었다. 하지만 각 100장이라는 말에 찍어내 씨는 열심히 찍었다. 그리고 승차권 인쇄가 모두 되었다는 찍어내 씨의 전화를 받고 칙칙폭 씨는 한걸음에 달려갔다.

"여기 다 되었습니다. 42종류를 각 100장씩 찍어 묶어놨습니다."

숨을 헐떡이며 뛰어온 칙칙폭 씨에게 찍어내 씨는 자랑스럽다는 듯이 승차권을 내밀었다. 상자 안에는 작은 승차권이 100장씩 묶여 있었다.

"그럼 제가 맞는지 확인해보겠습니다."

간이 작은 말단직원 칙칙폭 씨는 직접 100장이 맞는지. 종류가 맞는지 살펴보았다. 그런데 한참 세고 있던 칙칙폭 씨가 이상하다며 인쇄업자에게 말했다.

"그런데 여기서 4종류는 사용이 안 되는 건데요."

"네?"

"돈은 돈대로 받아 놓고 사용이 안 되는 4종류를 찍으시면 어떡하죠?"

이 일이 잘못되면 자신의 첫 임무가 엉망으로 되어버린다는 생각에 칙칙폭 씨는 이 사태를 빨리 수습하고 싶었다. 400장이나 낭비하게 되는 것이기에 그냥 넘어갈 수도 없었다.

"저희는 부탁하신대로 모든 철도 노선에 대해 편도를 찍었는데요."

"쓸 수도 없는 승차권 400장을 낭비하게 되었으니, 이 일을 어떻게 하실 거예요!"

결국 칙칙폭 씨와 철도청은 승차권 중에 4종류는 사용이 안 된다며 인쇄업자를 고소했다.

D도시에서 두 개의 길로 갈라진 점을 생각하여, 필요 없는 편도권을 생각하여 제외시키면 됩니다.

사용할 수 없는 승차권은
왜 생겼을까요?
수학법정에서 알아봅시다.

 재판을 시작하겠습니다. 피고 측 변론하
십시오.

 피고는 원고에게서 7개 도시로 가는 편도
승차권을 각각 100장씩 만들어 달라는 주문을 받았습니다.
따라서 피고는 총 42종류의 승차권을 각각 100장씩 총 4200
장의 승차권을 만들었지요. 그런데 원고가 4종류의 승차권은
사용할 수 없다고 400장의 승차권 인쇄 비용을 돌려달라고
했습니다. 벌써 찍어낸 걸 어떻게 합니까? 그런데다 왜 4종
류는 사용할 수 없다는 거죠? 그냥 사용하면 되잖아요? 뭐가
문제죠?

 글쎄요. 매쓰 변호사, 왜 4종류의 승차권은 사용할 수 없나요?

그 설명을 위해서 도로건설부 차장이신 지어바 씨를 증인으
로 요청합니다.

파란 양복 차림에 흰 양말을 신은 50대의 남자가 증
인석에 앉았다.

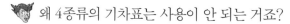

🦹 왜 4종류의 기차표는 사용이 안 되는 거죠?

🧑 7개의 도시가 있을 때 편도권의 개수는 한 도시에서 다른 여
섯 도시로 가는 편도권이 6개이고 도시의 수가 7개이므로
7 × 6 = 42종류가 필요합니다.

🦹 그럼 맞잖아요?

🧑 지도를 보세요.

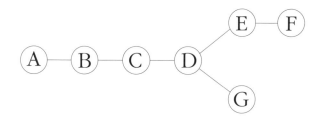

🧑 D도시에서 두 개의 길로 갈라졌기 때문에 E와 G사이 그리고
F와 G 사이는 기찻길이 없습니다. 그러므로 이들 도시들을
연결하는 승차권은 필요가 없습니다. 그런데 편도권이라고
했으므로 E와 G사이에는 2장, F와 G 사이에도 2장 합쳐서
4장의 편도권이 필요하지 않으므로 실제 사용되는 편도권의
종류는 42 - 4 = 38종류가 되는 것이지요.

🦹 그렇군요.

👩 판결합니다. 증인의 말을 통해 실제로 42가지의 승차권 중 4
가지의 승차권은 사용할 수 없는 승차권이라는 것을 알 수 있
었습니다. 따라서 피고는 원고가 지불한 승차권의 인쇄비 중

400장 분량의 인쇄비는 다시 돌려주시기 바랍니다.

재판이 끝난 후, 인쇄 가게 주인은 400장 분량의 인쇄비를 칙칙
폭 씨에게 환불해 주었다. 승차권의 가지 수가 38가지라는 것을
미리 알려주지 못한 것에 미안함을 느낀 칙칙폭 씨는 그 후로도
승차권의 인쇄는 항상 똑같은 가게에서 주문을 했고, 곧 문 닫을
뻔했던 인쇄 가게가 번성하게 되자 인쇄 가게 사장은 칙칙폭 씨에
게 고마워했다.

 반장 부반장 뽑기

30명의 반에서 반장, 부반장을 각각 한 명씩 선출하는 방법의 수를 구해보자. 30명의 이름을 적은
30장의 종이카드를 만들고 아무렇게나 2장을 뽑는데, 처음 뽑은 사람이 반장, 두 번째 뽑은 사람
이 부반장이 된다고 하자. 첫 번째 카드로 반장을 뽑는 경우의 수는 30가지이고 이제 뽑은 카드를
제외한 나머지 29장에서 부반장의 카드를 뽑으면 되므로 30개에서 2개를 뽑는 순열의 수가 되어
$30 \times 29 = 870$가지가 된다.

이상한 가훈

8명이 매일 다른 좌석에 앉는 방법은 몇 가지일까요?

사건속으로

　　새롬이는 학교에서 유별난 성격을 가지고 있는 학생이다. 점심 식사 시간이 되면 항상 새롬이 친구들은 도시락을 들고 자리를 한 번씩 옮겨야 했다. 새롬이는 밥을 먹을 때면 매일 새로운 자리에 앉아 밥을 먹고 싶어서 어제 앉았던 자리에는 앉지 않으려고 했기 때문이다.

　　"얘들아~ 점심시간이다~ 밥 먹자~야 새롬아! 너 또 어제 앉은 자리에 안 앉을 거야?"

　　"응! 그럼 자리 물색을 좀 해볼까나. 오늘은 어디에 앉아서 밥을 먹지?"

"쟤 또 저래~ 얼른 먹자! 그냥 거기 앉아!"

"안 돼~! 나 어제 이 자리에 앉아서 밥 먹었는데. 이 언니의 아름다운 습관을 좀 안다면 알아서 챙겨주길 바래!"

"뭐? 아름다운 습관? 제발 없어졌으면 하면 습관이다. 나 배고프니까 그냥 아무데나 앉아서 먹어! 얼른 먹자먹자!"

"싫어~ 난 같은 자리에 앉아서 먹기 싫단 말이야! 네가 나랑 자리 좀 바꿔줘!"

"야 너 계속 이럴래? 귀찮게 매번 왜 이래! 나의 주먹이 오늘따라 더욱 그립니?"

"어 야~ 우리 집에선 매일 가족들이 자리를 바꿔서 밥을 먹는단 말이야~ 바꿔주라~"

새롬의 유별난 습관은 친구들에게는 점심시간이면 찾아오는 고역이었지만 새롬의 집에서는 오히려 그것이 정상이었다. 새롬이의 가족은 할머니와 할아버지, 아버지와 어머니, 언니 둘과 남동생 총 8명인데, 가족이 모두 매일 다른 좌석 배치로 식사를 하기 때문이다.

새롬의 가족이 대대로 대가족인 만큼 밥을 먹을 때는 큰 식탁이 필요했고, 그 때문에 식탁에서 매일 다른 좌석 배치로 자리에 앉아서 밥을 먹는 것을 즐겨 왔다.

새롬이네 저녁 식사 시간,

"할아버지 할머니~ 식사하세요."

"오냐~ 그래. 자. 보자보자, 오늘은 내가 어느 쪽에 앉아야 하나? 아마도 점심엔 내가 저쪽에 앉았으니 이번엔……."

"음, 어제 제가 할아버지 오른쪽에 앉았으니까 오늘 저녁엔 할아버지 왼쪽에 앉을게요."

"그래 그러려무나. 점심에 난 어디에 앉았었지? 아! 그래 내가 저쪽에 앉았었구나. 그럼 오늘 저녁엔 어디에 앉으면 될까? 아범아, 오늘 아침엔 내가 중간에 앉도록 하마"

식사를 하기 전 자리를 정하기 위해 하는 대화는 새롬이의 집에서는 밥 먹는 일만큼이나 일상적인 것이었다. 그렇게 각자의 자리를 찾아 앉으려고 하는 순간, 늦게 들어온 새롬의 남동생이 식사를 하기 위해 식탁으로 왔다.

"나 오늘 아침에 여기 앉아서 밥을 먹었는데 또 여기 앉아야 하는 거예요?"

"그랬어? 음. 그래도 다른 사람들의 자리가 바뀌었으니까 어제랑은 다르잖아?"

"그렇군요."

매일 새로운 좌석배치를 하는 것은 새롬의 가족들에게도 가끔은 귀찮은 일이었다. 잘못 앉은 사람 때문에 자리를 옮겨 다녀야하는 일도 있고, 제대로 기억을 하지 못해 어디에 앉았었는지를 생각하다가 식사를 늦게 하는 경우도 있었기 때문이었다.

"이거 매일 식사할 때마다 새로운 좌석배치를 찾지 못해서 번거

롭구나. 우리 집안 대대로 이어져 오는 전통인데. 그걸 안 지킬 수는 없고. 무슨 좋은 방법 없겠느냐? 아범아."

"글쎄요. 아버지! 그럼 이번 기회에 식탁을 하나 새로 장만 하는 것이 어떻겠습니까? 얼마 전에 우리 동네에 가구점이 새로 생겼던데 그 곳에는 원하는 스타일의 가구를 직접 만들어 준다고 하더라고요."

"아! 그런데가 생겼어? 그래 그렇다면 오늘 당장 가구점에 들러 주문을 하도록 하자! 우리 가족 8명이 매일 식사할 때마다 다른 좌석배치로 앉을 수 있는 식탁을 만들어 달라고 주문을 해보자꾸나!"

새롬이네는 자리 걱정 없는 새 식탁 디자인을 이야기하며 식사를 하였고, 가족 모두가 식사를 마치고 가구점에 들러 전문가와 상의를 하고 가구를 제작하기로 하였다.

"안녕하세요. 우리 가족 8명이 매일 식사할 때 마다 다른 좌석배치를 할 수 있는 식탁을 주문하고 싶은데 가능하겠습니까?"

"네? 하하하. 정말 특이한 식탁을 주문하시네요. 하지만 저희 가게에서는 무조건 다 됩니다. 식탁을 디자인하고 만들기까지 일주일정도 걸리는데 괜찮겠습니까?"

"아, 그럼요. 시간은 괜찮습니다."

일주일 후, 가족들 모두가 기다리던 식탁이 도착 하였고, 다들 어떤 식탁이 만들어졌는지 궁금해 하며 호기심 어린 눈으로 식탁업자를 쳐다보았다.

"자, 여기 할아버지께서 주문하신 특별한 식탁을 만들어 왔습니다. 어떻습니까? 마음에 드십니까?"

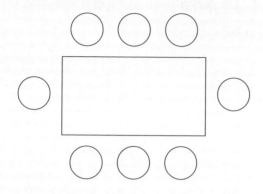

"흠. 어디 한번 봅시다. 아니, 그런데 이게 이 식탁으로 우리 가족 8명이 매일 다른 좌석배치를 할 수 있다고요?"

"네! 당연하죠! 저희 회사는 항상 고객의 요구조건을 최대한 만족 시켜 드리기 위해 최선을 다하고 있습니다. 분명 할아버지가 원하시는 대로 할 수 있습니다."

"아니, 그냥 평범한 식탁 같은데 지금 사기 치는 거 아니요?"

"아니, 할아버지 무슨 그런 말씀을 하십니까! 이 식탁으로는 할아버지 가족이 55년 동안 서로 다른 좌석배치로 식사를 할 수 있습니다!"

"55년 동안이나? 말도 안 돼요! 이 식탁은 그냥 보통 식탁으로 보이는데?"

"아닙니다! 이 식탁은 55년 동안 서로 다르게 앉아서 식사를 하실 수 있습니다!"

결국 새롬이네와 식탁업자 사이에서 작은 다툼이 발생했고, 서로의 말을 못 믿겠다며 결국 수학법정에 진실을 밝혀 달라고 의뢰했다. 과연 식탁업자의 말은 맞는 걸까?

직사각형에 서로 다르게 앉는 방법의 수를 직사각형 순열이라고 합니다.

55년 동안 서로 다른 좌석배치를
할 수 있는 식탁이 있을까요?
수학법정에서 알아봅시다.

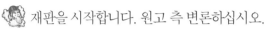

재판을 시작합니다. 원고 측 변론하십시오.

원고의 식구들은 매일 다른 좌석배치로
식사하는 것을 가훈으로 삼는 가족입니
다. 평소 식사를 하기 전 자신들이 어제와 같은 좌석배치로
앉았는지를 따지지요. 그 때문에 가구 전문점에 가족 8명이
매일 다른 좌석배치를 할 수 있는 식탁을 만들어달라고 했지
요. 얼마 후 가구점에서 주문한 식탁을 만들었다고 전화가 왔
고, 그 식탁이 55년 동안 서로 다르게 앉아서 식사를 할 수
있는 식탁이라고 했습니다.

주문대로 만들어준 것 같은데 무엇이 문제지요?

원고는 예상치도 않게 주문한 대로 식탁을 만들어주어서 고
마워했는데 아무리 봐도 이 식탁이 55년 동안이나 서로 다른
좌석배치를 할 수 있다는 게 말이 안 돼 보이는 거예요.

55년, 좀 그렇군요.

그렇죠? 판사님!

매쓰 변호사, 실제로 55년 동안 서로 다른 좌석배치로 앉아
식사를 할 수 있는 식탁을 만든다는 것이 가능합니까?

 가능합니다.

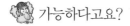 가능하다고요?

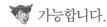 네, 물론입니다. 가능하다는 것을 증명하기 위해 막강초등학교 수학교사이신 완전똑똑 씨를 증인으로 요청합니다.

화사한 꽃 남방을 입은 30대 초반의 한 남성이 증인석 으로 나왔다.

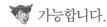 피고가 만든 식탁이 원고의 8명 가족이 55년 동안 매일 새로운 좌석배치로 앉아 식사할 수 있는 식탁인가요?

그렇습니다.

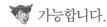 어떻게 그렇게 되죠?

이런 걸 직사각형순열이라고 합니다. 직사각형에 서로 다르게 앉히는 방법의 수는 전체 인원수에서 1을 뺀 값의 팩토리얼에 가로와 세로의 인원수의 합을 곱한 수가 됩니다.

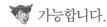 잘 이해가 안 가는군요.

지금 새롬 씨 가족은 8명이므로 전체 인원수에서 1을 뺀 값의 팩토리얼은 7!이 되고 직사각형 탁자를 보면 가로에 3명 세로에 1명이 앉을 수 있으므로 가로와 세로의 인원수의 합은 4가 됩니다. 그러므로 이 식탁에서 서로 다르게 앉을 수 있는 방법의 수는 7! × 4 = 20160가지가 됩니다. 이것을 365

일로 나누면 55.23… 이 되므로 55년 동안 서로 다르게 앉을
수 있지요.

증인의 말을 들어보니 실제 55년 동안 서로 다르게 앉을 수
있는 식탁을 만드는 것이 가능하군요. 피고는 원고의 요구사
항을 정확히 반영한 식탁을 만든 것 같네요. 주문대로 제작을
했는데 사기라고 하니 억울하셨겠습니다. 피고가 만든 식탁
이 피고의 말대로 55년 동안 서로 다른 곳에 앉을 수 있는 식
탁이라는 것이 밝혀졌으니 원고 측에서는 피고에게 잘못에
대해 사과하시길 바랍니다.

재판이 끝난 후, 가족들은 가구업자에게 무턱대고 사기라고 한
것에 대해 사과했다. 그 후 가족들은 실제로 오래도록 서로 다른
자리에 앉아 식사를 할 수 있었고, 이 신기한 식탁은 가족들의 보
물 1호가 되었다.

 정다각형 순열

정다각형의 탁자에 사람이 서로 다르게 앉는 방법의 수를 일반적으로 구하는 공식이 있다. 서로 다
른 n명의 사람을 정다각형에 배열하는 방법의 수는 $n-1! \times$(한 변의 개수)가 된다.

성냥개비 퍼즐

오른쪽 그림과 같이 성냥개비 12개를 이용하여 작은 정사각형 4개와 큰 정사각형 한 개를 만들었습니다.

여기에 성냥개비 4개를 보태어 크고 작은 정사각형 10개를 만들려면 어떻게 하면 될까?

답은 간단해요. 오른쪽과 같이 네 개의 성냥개비를 놓으면 됩니다.

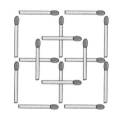

가장 작은 정사각형이 4개 그리고 중간 크기의 정사각형이 5개 그리고 큰 정사각형이 한 개 만들어지므로 전체 정사각형의 수는 10개가 됩니다.

수학성적 끌어올리기

도형의 넓이

왼쪽 그림은 정육각형 속에 별 모양을 그린 거예요. 정육각형의 넓이가 90이라면 별의 넓이는 얼마일까요?

보조선을 이용해보죠.

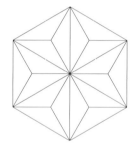

정육각형은 같은 크기의 정삼각형 6개로 이루어져 있고, 정삼각형은 다시 같은 크기의 3개의 삼각형으로 이루어져 있어요. 즉 작은 삼각형 18개의 넓이의 합이 정육각형의 넓이죠.

그럼 작은 삼각형 하나의 넓이는 $90 \div 18 = 5$가 되고, 별모양 속에는 작은 삼각형이 12개 있으므로 별모양의 넓이는 $5 \times 12 = 60$이 되지요.

과학공화국
수학법정 9

도형의 변환

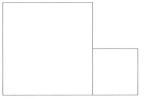

오른쪽 그림과 같이 두 개의 크고 작은 정사각형이 붙어있다고 해봐요.

이것을 적당히 오려 붙여서 하나의 정사각형으로 만들 수 있어요. 다음 그림을 보죠.

왼쪽 그림과 같이 보조선을 그려봐요. 붉은 선은 길이가 같아요.

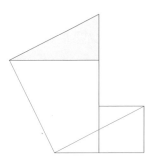

녹색부분을 다음과 같이 이용시켜 보세요.

이상한 모습이 되었군요.

이 그림에서 아래쪽 직각삼각형을 핑크색으로 칠해 봐요.

이제 핑크색 삼각형을 아래와 같이 이동시켜 붙이면 되지요.

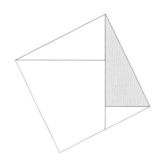

어때요? 하나의 정사각형이 만들어졌죠? 이런 방법을 도형의 변환이라고 불러요.

도형이동으로 넓이구하기

다음 그림에서 어두운 부분의 넓이를 구해보죠. 큰 직사각형의 넓이가 40이라고 해보죠.

어떻게 구할까요? 일단 다음과 같이 보조선을 그려보죠.

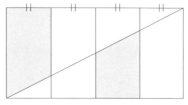

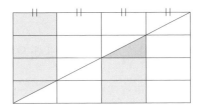

큰 직사각형은 작은 직사각형 16개로 이루어져 있으니까 작은 직사각형 하나의 넓이는 $40 \div 16 = 2.5$ 가 되는군요.

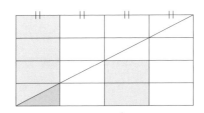

이때 파란색 삼각형을 다음과 같이 옮겨 봐요.

이제 어두운 부분은 작은 직사각형 6개로 이루어져 있군요. 그러므로 어두운 부분의 넓이는 $6 \times 2.5 = 15$이 됩니다.

위대한 수학자가 되세요

과학공화국 법정시리즈가 10부작으로 확대되면서 어떤 내용을 담을지 많이 고민했습니다. 그리고 많은 초등학생들과 중고생 그리고 학부형들을 만나면서 서서히 시리즈의 방향이 생각났습니다.

처음 1권에서는 과학과 관련된 생활 속의 사건에 초점을 맞추었습니다. 하지만 권수가 늘어나면서 생활 속의 사건을 이제 초등학교와 중고등학교 교과서와 연계하여 실질적으로 아이들의 학습에 도움을 주는 것이 어떻겠냐는 권유를 받고, 전체적으로 주제를 설정하고 맞는 사건들을 찾았습니다. 그리고 주제에 맞춰 사건을 나열하면서 실질적으로 그 주제에 맞는 교육이 이루어질 수 있도록 방향을 집필해 보았지요.

그리하여, 초등학생에게 맞는 수학의 많은 주제를 선정해 보았습니다. 수학법정에서는 수와연산, 도형, 방정식, 부등식, 확률과 통계, 수학논리 등 많은 주제를 각권에서 사건으로 엮어 교과서보다 재미있게 수학을 배울 수 있게 하였습니다. 부족한 글 실력으로 이렇게 장편 시리즈를 끌어오면서 독자들 못지않게 저도 많은 것을 배웠습니다. 그리고 항상 힘들었던 점은 어려운 과학적 내용을 어떻게 하면 초등학생, 중학생의 눈높이에 맞출 수 있을까 하는 고민이었습니다. 이 시리즈가 초등학생부터 읽을 수 있는 새로운 개념의 수학 책이 되기 위해 많은 노력을 기울여 왔지만 이제 독자들의 평가를 겸허하게 기다릴 차례가 된 것 같습니다.

　한 가지 소원이 있다면 초등학생과 중학생들이 이 시리즈를 통해 수학의 많은 개념을 정확하게 깨우쳐 미래의 필즈메달 수상자가 많이 배출되는 것입니다. 그런 희망은 지쳤을 때마다 항상 제게 큰 힘을 주었던 것 같습니다.

법정 공방을 통해 열리는 유쾌한 수학 퍼즐의 세계

이 책은 카드, 주사위, 목걸이, 도로, 기찻길, 식탁 등의 퍼즐 문제를 다루고 있다. 유쾌하고 리얼한 사건들과 수학 공방 등을 따라가며 자연스럽게 퍼즐을 풀게 된다. 수학을 알고 퍼즐을 풀면 게임의 법칙을 모두 파악할 수 있다. 복잡한 기호와 수식보다는 실제 생활의 예를 통해서 수학에 대한 기초적인 지식을 쌓고 수학이 친근하게 느껴지도록 한다. 이 책을 통해 생활 속 호기심을 충족시키고 더불어 승자의 비밀까지 알아낼 수 있을 것이다.

⚠ 주 의
날카로운 모서리에
주의하세요.

KC마크는 이 제품이
공통안전기준에 적합하였음을
의미합니다.

값 14,500원

04410

9 788954 414838

ISBN 978-89-544-1483-8